U0594858

视觉协作

Visual Collaboration

A Powerful Toolkit for Improving Meetings, Projects, and Processes

推动会议、项目和流程的有效工具箱

[丹] 奥莱 · 奎斯特 · 索伦森（Ole Qvist-Sørensen）
罗亚 · 巴斯特鲁普（Loa Baastrup） 著

[丹] 索菲 · 林德 · 梅斯特顿（Sofie Lind Mesterton） 绘

周鸣 周涛 译

電子工業出版社
Publishing House of Electronics Industry
北京 · BEIJING

版权贸易合同登记号　图字：01-2020-2018

图书在版编目（CIP）数据

视觉协作：推动会议、项目和流程的有效工具箱 /（丹）奥莱·奎斯特·索伦森，（丹）罗亚·巴斯特鲁普著；（丹）索菲·林德·梅斯特顿绘；周鸣，周涛译．—北京：电子工业出版社，2021.5

书名原文：Visual Collaboration: A Powerful Toolkit for Improving Meetings, Projects, and Processes

ISBN 978-7-121-40823-6

Ⅰ.①视… Ⅱ.①奥… ②罗… ③索… ④周… ⑤周… Ⅲ.①项目管理–业务流程–视觉设计 Ⅳ.①F224.5

中国版本图书馆CIP数据核字（2021）第051109号

责任编辑：杨洪军
印　　刷：天津千鹤文化传播有限公司
装　　订：天津千鹤文化传播有限公司
出版发行：电子工业出版社
　　　　　北京市海淀区万寿路173信箱　　邮编100036
开　　本：720×1000　1/16　印张：18.25　字数：351千字
版　　次：2021年5月第1版
印　　次：2021年5月第1次印刷
定　　价：129.00元

凡所购买电子工业出版社图书有缺损问题，请向购买书店调换。若书店售缺，请与本社发行部联系，联系及邮购电话：（010）88254888，88258888。
质量投诉请发邮件至zlts@phei.com.cn，盗版侵权举报请发邮件至dbqq@phei.com.cn。
本书咨询联系方式：（010）88254199，sjb@phei.com.cn。

“本书是我见过的有关视觉引导的最好书籍之一。它在结构与流程、技能与提问之间达成了平衡，使人们了解如何入门和如何推广实施。书中所有示例都以引人入胜的风格进行讲解，其本身就是很好的教材。”

——**大卫·西贝特**，格罗夫国际顾问公司创始人和CEO，《视觉团队》《视觉会议》《视觉领导者》《视觉咨询》的作者

“这是一本非常出众的书。它易于理解、有深度、注意细节把控，对于初学者和有经验的从业者都有益处，对于任何在组织变革、引导、沟通和团队工作方面感兴趣的人来说都很适合。多年来，视觉协作都是我们在混沌飞行员学院教学方式中不可或缺的部分，也是学员学到的核心技能之一。这是我们期待已久的书。”

——**克里斯特·温德洛夫·里德泽留斯**，混沌飞行员学院院长

“在从事公司战略管理领导工作时，我经常遇到需要解释复杂挑战的情形。在这些情形下，视觉化和绘图是很好的工具，能吸引其他人，并增加达成共识的机会。这本书帮助我构建和提高应对复杂组织挑战的能力。”

——**利恩·艾南·弗拉克**，挪威广播公司项目总监

“视觉工具可以很好地用于管理会议、程序和流程，从而促进参与度、责任感和对话。对于复杂组织和任何希望激发想象力及进行社会变革的人来说，这是极好的资源！”

——**布勒斯·布朗**，Imagine Chicago公司总裁和创始人

“让我印象深刻的是，作者优雅地展示了其理论框架，并举重若轻地将理论转换到实践。将‘autopoiesis’（自主生成）这样晦涩难懂的词语，变成理解社交流程的显而易见的核心概念，这非常大胆和令人着迷。”

——**詹斯·拉斯穆森**，丹麦教育学院教授

“对于几乎所有公司而言，合作都是充满挑战且至关重要的。作者通过这本神奇的书，使合作变得轻松愉快。”

——**桑妮·布朗**，畅销书作者和首席人力潜能资源官

“在这个充满创造性破坏及创新的世界中，所有组织都面临挑战——想象和确定所有人想要和需要的共同未来。视觉化和共享观点对于实现此目标至关重要。作者在定义及实践最先进的视觉协作方面已有数十年的经验，而且在本书中，他们慷慨地分享了未来几年战略制定、流程规划和实施步骤所必需的元素。这本书对于任何有志于创建共同参与、分享视觉见解、提高竞争力和获取新工具的人来说，将是经典的、可信赖的资源。”

——**汤姆·卡明斯**，执行董事会和高级管理顾问，《领导力格局》的作者

“我真的很喜欢这本书。书中的视觉语言全面、概念清晰、工具易于使用。对于任何在组织中设计和引导会议、工作坊、战略流程的人来说，这都是一本必读书籍。”

——**霍尔格·尼尔斯·波尔**，视觉研究所创始人，《创建清晰度》的作者，Biz4Kids 联合创始人

“在这个让人感觉充斥着复杂、混乱和快速变化的世界中，本书提醒我们，人们所拥有的最强大的技术是内在的视觉处理能力。对于团队来说，这是宝贵的资源。”

——**丽莎·凯·所罗门**，《冲击时刻：设计更好的业务》的合著者

“这本书可以帮助你拥抱复杂性，并将想法和思想转换为可跨团队、跨流程和跨文化使用的视觉语言。它为你提供了更快速地做出正确决策的框架。这不是一本一次性读物，而是当你需要与团队一起达成共识以应对变革或只想使工作更加清晰有趣时可以参考的书籍。”

——**布赖恩·凯德**，Airtame 公司首席执行官

“作为引导师，我最欣赏本书的地方是，视觉语言实践可以从学习如何以视觉表达简单和复杂的想法开始，然后马上可以将此技能带入任何会议或工作坊。当其他人参与并看到视觉方式带来的变化时，他们会很愉快地加入进来。”

——**塔蒂亚娜·格拉德**，阿姆斯特丹影响力中心联合创始人兼总监

“本书的讲授方法严谨和逻辑性强，语言清晰易懂，插图丰富。你可快速体验绘图的成功。这是一本独特的手册，是作者多年流程设计和视觉引导实践经验的总结。我强烈推荐领导者、流程设计师、老师和任何感兴趣的学习者阅读此书。”

——**洛特·达索**，奥尔胡斯大学副教授，《巧夺天工》的作者

“视觉协作可实现组织中令人惊奇的新型合作和创新形式。我有幸与作者有过多次合作，这本书使任何人都有能力将自己的独特技能和能力带入工作中。”

——**罗恩·沃尔佩**，Tradeshift公司全球副总裁

“这本书展示了人们如何使用绘图和视觉图像拓展合作空间。这是我们在复杂情形中工作时所迫切需要的东西。这是一本必读书籍，它已经成为我们公司工具箱的重要组成部分。”

——**亨里克·查利斯**，组织变革高级顾问，Emerging 公司联合创始人

“在我第一次接触视觉协作的时候，如果顾问能为客户绘图并做视觉展示，这会是额外的收获。而在今天，这已经是必不可少的了。这本令人印象深刻的书展示了无限可能，它应该摆在所有顾问的书架上！”

——**雅各·斯托克博士**，企业家，联合行动和吸引力公司创始人

“这是一本我不仅会阅读，而且会使用的书。我想在绘图方面做得更好，也想学习如何更多地运用视觉。一张图片胜过千言万语。”

——**拉斯·科林德**，奥提孔公司前任首席执行官，董事会成员，企业家，《老板》的作者

“作为参与型流程和战略对话方面的流程顾问，我了解到视觉能促进集体理解和记忆。本书以具有教育性的简单方式，概述和介绍了视觉工具及技巧的使用。无论是初学者还是较有经验的使用者，你都可以从中获益。”

——**莫妮卡·尼森**，流程顾问，InterChange 公司联合创始人

“从一开始，我就一直关注本书所描述方法的发展。我欣喜地看到这一

方法的强大应用（用‘把沟通视觉化’的力量支持组织和社团的合作创新及建设性变革），以互动和创新的方式进行沟通，并为新手和经验丰富的从业人员提供支持。针对战略性对话和集体智慧的世界咖啡方法在全球范围内的普及，很大程度上得益于该领域的此项重要贡献所描述的方法。”

——朱安妮塔·布朗博士，世界咖啡共同创始人

“本书是具有启发性的指南，适合那些对使用更多的视觉方法来组织和主持会议及工作坊感兴趣的人。本书逐步引导读者从发现一种新的视觉语言到可以联合其他人更多地以视觉方式工作。作为读者，你不仅会找到有帮助的实用技巧，而且会找到许多令人兴奋的模板，这些模板可以轻松地用于为任何类型的会议和工作坊进行定制化设计。”

——多纳托·卡尔帕雷利，迅达电梯有限公司全球产品创新主管

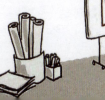

欢迎使用视觉协作

许多组织努力寻找引人入胜且有效的沟通流程，来管理日益增加的复杂性。一些人尝试了数字解决方案和新的组织结构，其他人则仍在寻找应对复杂组织所需的持续合作的工具。

如果你想运作会议、项目和流程，并使其更具吸引力、更高效和更有影响力，本书正适合你。无论身在何处，你在本书里发现的工具将帮助你加强思考、沟通和合作。通过运用视觉工具和技巧，包括任何人都可以学会的简单绘图，视觉协作能支持任何类型的组织，管理复杂的项目，并鼓励创新。它将帮助你培养扎实的视觉语言技能，使之成为工作中的基石。

如果这是你首次使用视觉技术，那么你正处于转变对工作方式认知的边缘。如果你是一位有经验的视觉使用者，我们相信书中介绍的视觉协作的五大模块会为你提供新的系统性方法，以进一步创建你自己的视觉语言，并加强与你合作的团队的视觉技能。在本书中，你将学习如何绘制物体、人物、地点、流程，以及更复杂的概念，如用户体验、业务计划和战略。你还将学到如何设计会议、项目或流程，如何确定有力的提问来吸引同事参与，以及如何创建视觉模板来聚焦对话。最后，你将学习如何推广实施你所设计的模板，使其在组织内产生更广泛的影响。

当人们一起绘图时，他们一起学习。能一览无余地看到全局图，每个人都能看到自己身在其中。乐高、联合国、马士基、宜家以及红十字会等领先者已经成功地采用了这种工作方式。你将如何做呢？

目　录

五种彩色的篇章介绍了视觉协作的五大模块，即一种以视觉方式工作的实用方法。其余各篇章提供了关于视觉协作的不同视角。

你是否曾经受困于那些与不断增加的复杂性不匹配的方法、工具和技能？

应用视觉协作的五大模块

……并以加强思维、沟通和合作的新方式开始工作。

导语

一张图概括本书

目的：让你能更好地思考、沟通及合作

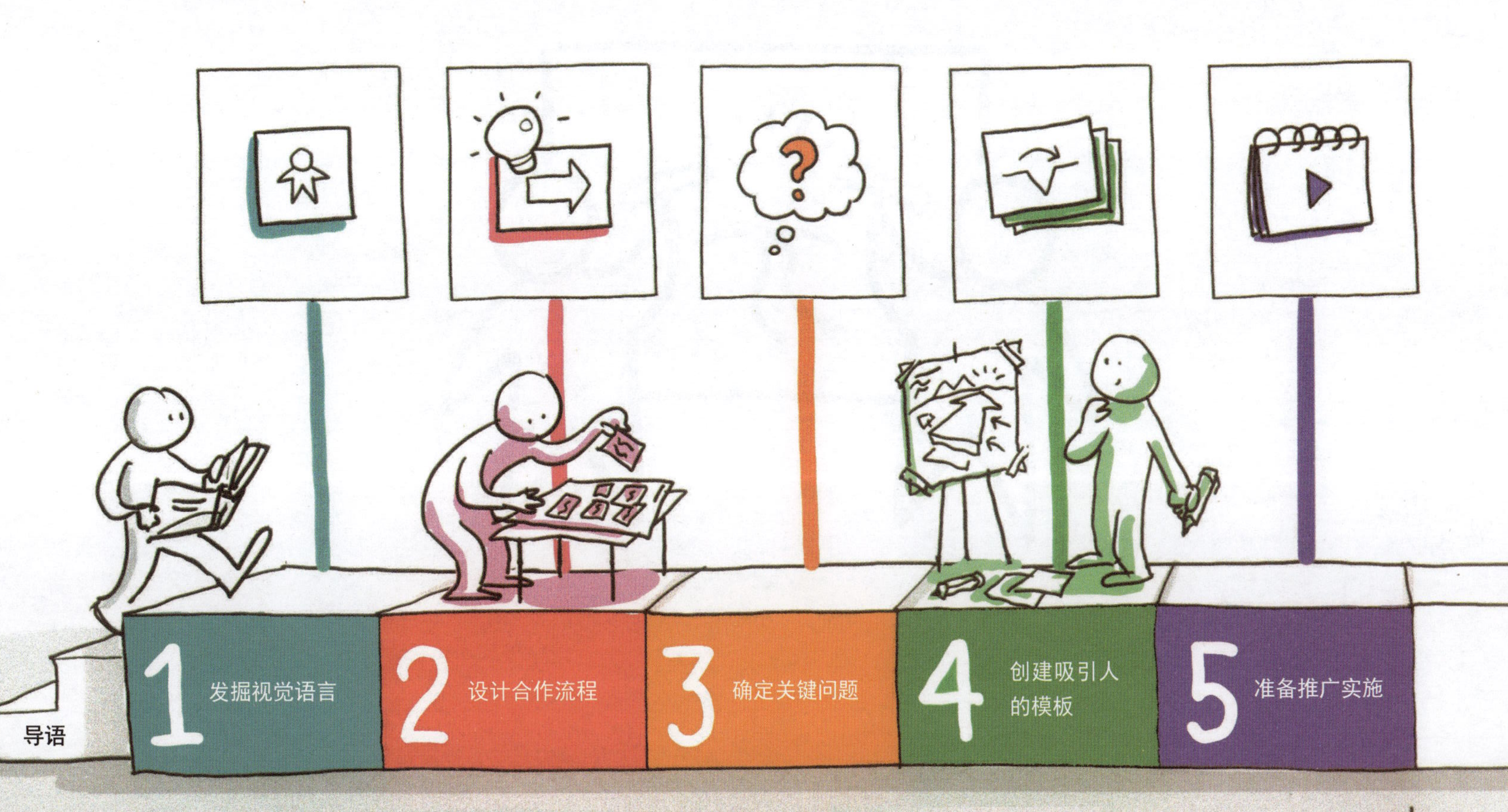

目标： 做好视觉协作的准备

为什么要绘图

绘图是一项大家都可以学习的古老技能，而且相较于语言和文字，大脑能够更迅速地理解图形。当绘图时，我们可以把事物变得更清晰明了，而且在这个数字世界里，手绘图更能引人注意。

绘图加深记忆

图画和图像能够深深地刻在我们的记忆中。如果只是听到的信息，3天之后我们可能只记得10%的内容。如果配以图像，我们就可能记住65%。当绘图时，我们利用视觉的力量，创造出比语言或文字更能让大脑记住的东西。

绘图的使用已经有3万年了

人类早在能够书写前很久就开始绘图了。绘图是一项古老的技能，它可以使人集中注意力，并传递大量信息。

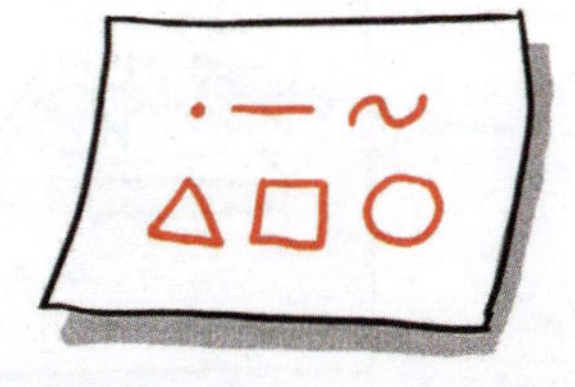

每个人都能学会绘图

我们大多数人在学会书写以前很久就在绘图了。通过绘制一些简单的图画并将文字与图片相连，我们可以重新发掘自己内在的绘图潜力。大家都可以做到。

绘图使表达更清晰明了

当试图把某个想法画出来的时候，我们同时开启了让想法更清晰的过程。想法的内容逐步确定，而绘画的过程又会产生新的想法去挑战、调整、细化原有的认知。当你与其他人就绘图内容进行对话时，绘图就可以用作澄清与理解的工具。

绘图彰显个性

绘图是一种独特的创作，特别是在数字世界中，尤其显得真实而独具个性。

绘图能激发想象

想象一下，你赢得了前往梦想之地的旅行。谁会与你同去？你会去哪儿？你又会在那儿做些什么？通过绘图，你可以快速地把你对未来的构想展示给他人，然后你们可以一起把握、讨论和塑造未来。

什么样的人能绘图？在哪儿绘图？

每个人都能把绘图作为有效的沟通工具。科技为我们提供了绘制、调整并互相分享的新方式。

任何人都能使用

无论担当什么角色及职责，我们都可以享受绘图并从中受益。

任何场景下都能使用

在你的下次会议、工作坊或研讨会上大胆地去画。它会带来崭新的视角。

在任何媒介上都能使用

大多数的会议设施都会有白板或活动挂图。如果你能在纸上绘图，那你也能用合适的笔在白板上画。数字界面会略有不同。如果你是电脑爱好者，那你可以找一款自己喜欢的绘图软件。电脑绘图会让你更容易地去调整，并与同事分享。

需求在不断增长

我们对知识和信息的分享呈现爆发式增长。我们的社会结构和形态经常被描述为超级复杂。对处理这种复杂性的工具的需求正在增长。当以视觉短语构建知识和信息，并为特定场景构建视觉语言时，我们就能创建框架，增进对所处复杂系统的理解。这将有助于我们看到更大的图景，并据此做出决策。

科技使其易于推广实施

在过去的30年中，视觉资料在使用、分享及引导方面取得了惊人的技术发展。各种易于使用的App和软件已为实现视觉工作提供了机会。随着以视觉为导向的新生代的出现，此类视觉平台的应用范围将继续扩大。

为什么要一起绘图

为了能看到更大的图景，我们需要超越自身的知识面。视觉协作是通过一起绘图的方式，让我们从不同的视角学习，以实现责任与权力的共创。一起绘图可以创建一种跨越文化、地位和国家边界的通用语言。

应对挑战无法孤立进行

一起绘图是应对复杂性管理的一种系统性方法。当一起绘图时，我们会拥有更广阔的视野和更丰富的知识基础。我们能够对整体形成更完整的观点，并且弄清楚我们认知中的关联和异同。共创图画是个反复迭代的过程。我们先绘图，然后停下来，一起查看所创建的内容，再继续画。这个过程可以培养我们的全局观，因为通过共创的内容，我们可以看到各自做出的贡献。这样我们可以就更大的图景达成共同的理解。

它使得大家参与其中

许多会议都是个别几个人在。而当一起绘图时，我们所处的位置关系发生了变化，会有更多的互动。随着对这项新技能的运用，团队互动和上下级关系都得到了重新调整。我们会进行有建设性的冒险，沟通得更多。有创意的表达让人们面带微笑，同时激发了大家的参与热情。

它会激发责任心

人们会对自己为之做出贡献的事物产生更强烈的责任心。每个参与共创图画的人都可见证其贡献，并且可以看到他们的贡献是更大整体的一部分。这促进了人们履行承诺。

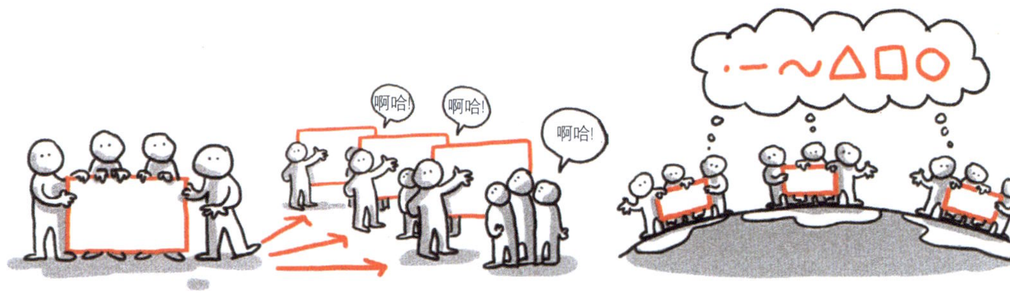

它易于分享

当参与开发某个战略或项目的视觉图像时，你会对其了如指掌。你可以将图画及其解说呈现给其他未参与的人。该图画可以用作易于与他人共享的集体学习工具。

它创造了一种通用的语言

拥有通用的视觉语言能够加强围绕特定主题的交流。在分享理解的同时，我们可以确保所谈论的是同一件事。拥有共同理解的视觉语言可以帮助我们在对话中应对高度的复杂性。

视觉协作的专用词汇

本书是在会议、项目及流程中更多运用视觉的指南。以下是3个应当了解的术语。

引导能促进团队的有效合作，从而做出更好的决策。

优秀的引导师可以：

- 设身处地为他人着想。
- 在团队中建立共同的认同感。
- 激发团队成员并使其参与，以服务于既定的目的。
- 寻找、构思并提出恰当的问题。
- 积极并全神贯注地倾听。

视觉引导是有方法性地使用笔和纸进行引导。

视觉引导的概念来自图像引导，该概念是由一群加利福尼亚的组织顾问于20世纪70年代提出的，他们使用视觉技术和工具来寻找复杂问题的解决方案。

视觉引导使用结构化的可视内容，以视觉展示的方式来引导团队成员间的互动。这是与他人共创图画的系统性方法。

优秀的视觉引导师能够以手写文字来捕捉沟通内容，从而为所引导的团队使用。优秀的视觉引导师能够将过程内容转化为信息丰富、简明易懂而又全面的图画。

视觉引导可以使用一些基本、简单的视觉工具来引导过程，如一些彩色便利贴和精心构思的问题。

系统视觉图像法是视觉协作中使用的概念。通过系统理论的视角，我们可以直观地观察和构建知识。

受视觉图像、设计思维、变革理论、引导技术、流程管理及系统性理论领域的众多先驱者的启发，结合自身的经验，我们开发了本书中的实用方法：视觉引导的五大模块。每个模块都为系统视觉图像法的总体目标提供支持：通过有针对性的问题和视觉表达形式，引导团队的沟通和系统性理解，以实现有价值的结果。

视觉协作可以在以下场景中使用

你与同事站在活动挂图前，把想法和任务写到便利贴上，然后将其分组张贴。

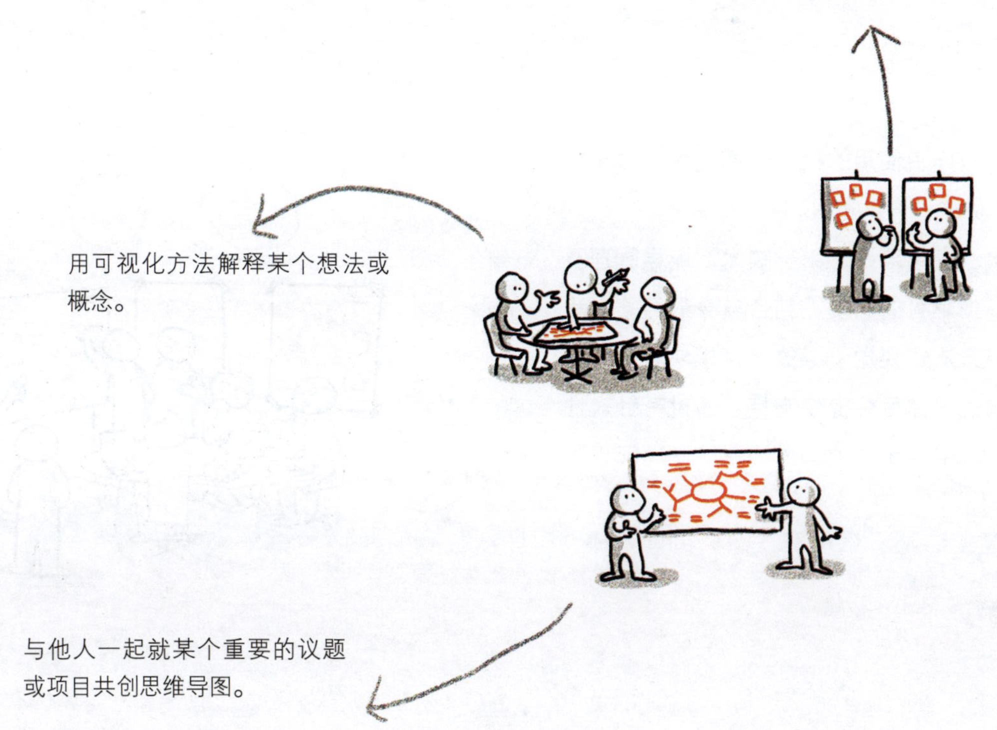

用可视化方法解释某个想法或概念。

与他人一起就某个重要的议题或项目共创思维导图。

你与项目团队一起绘制某个流程，先画出大体框架，然后一起把每步的流程填进去。

在周例会上，你们使用视觉工具互相告知各个项目的最新状况。

你与同事经常使用会议室里的白板。

你与同事创建SWOT分析，即优势、劣势、机会及威胁。

提高视觉表达力

为了从视觉协作中受益，以下是绘图的速成技巧。

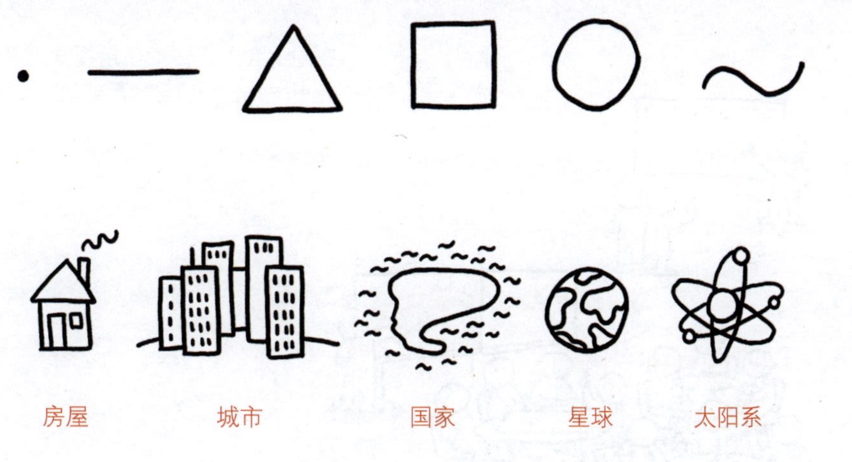

你只需要练习组合一些基本形状。使用点、线、三角形、正方形、圆形和波浪线，就能画出房屋、城市、国家、星球或者整个太阳系。

使用基本形状进行绘图是一种简便、快速且直观的视觉方法。

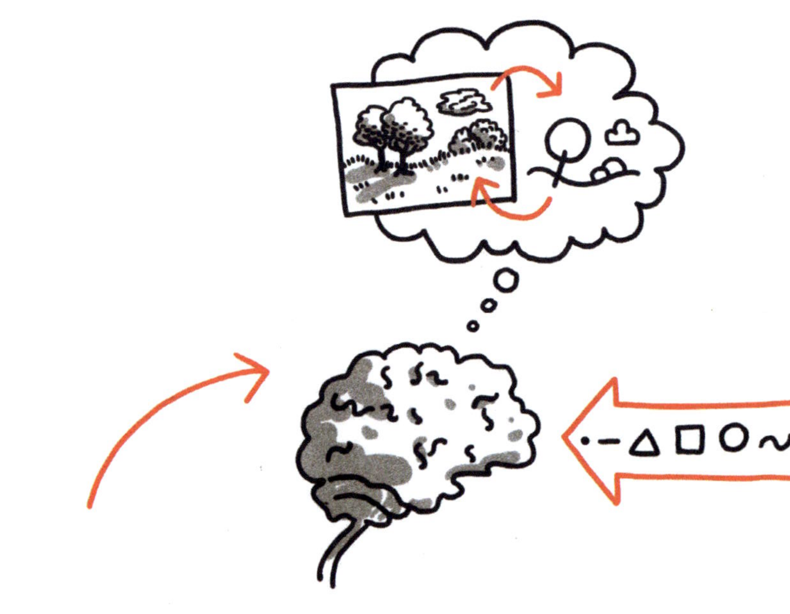

你只需画出目之所见事物的简笔画，即可使他人辨认和理解了。马上开始透过基本形状观察世界，练习绘制简单的物体，并逐步扩展你的视觉词汇表。

从基本形状到图标

设想某个你打算用视觉来表达的词语，然后用尽可能简单的方式把它绘制出来。

1
1
2
3

从图标到模板

使用你创造的图标来做出简单的视觉模板。

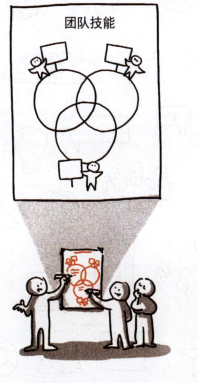

展示会议议程

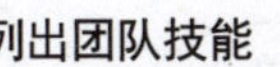

列出团队技能

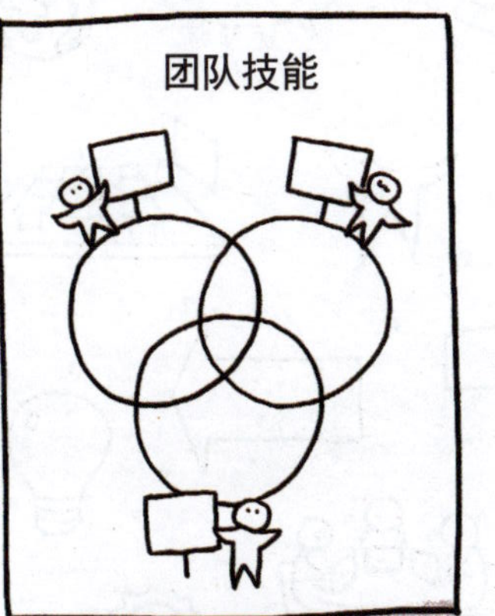

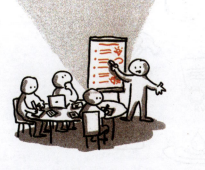

使用流程概览来让每个人跟上节奏

运用头脑风暴产生想法，然后排序

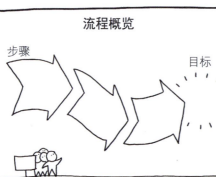

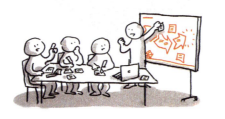

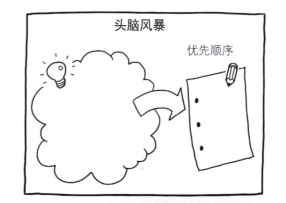

视觉协作的五大模块

这五大模块构成了创建和强化视觉工作步骤的系统方法。

每个模块会指导你逐步完成给定的流程，并提供模板、模型、问题清单及培训指导以便使用，也可根据需要定制。学习视觉协作的五大模块将为你提供简单的视觉协作工具和技巧。

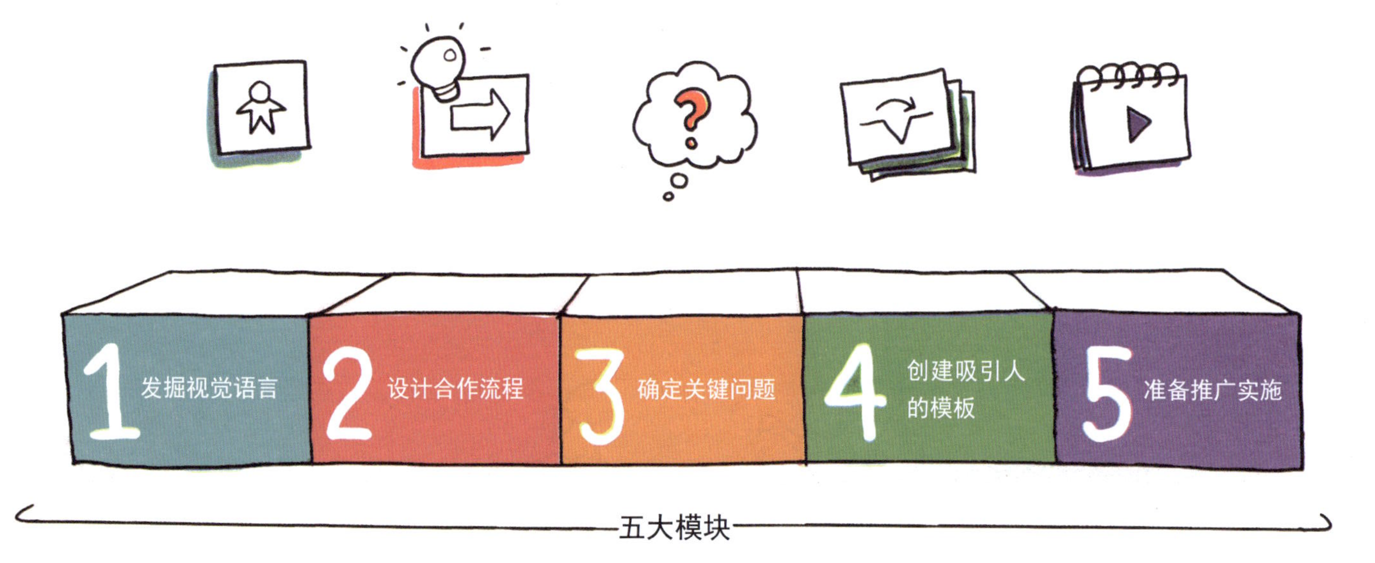
1 发掘视觉语言
2 设计合作流程
3 确定关键问题
4 创建吸引人的模板
5 准备推广实施
五大模块

如何使用这些模块

按顺序依次使用所有五大模块

这五大模块旨在作为整体来创造价值。为了获得视觉协作的全部益处，请从第1个模块开始，逐一完成所有五大模块。

或者也可以从适合特定需求的某个模块开始

如果你需要为某个特定主题找到视觉语言，那么请从第1个模块开始。

如果你需要全面考虑会议或工作坊的进程，那请跳到第2个模块。

如果你需要探讨对话中的问题，那么请深入研究第3个模块。

如果你仅需要灵感来创建特定培训的模板，那么请转到第4个模块。

1
2
3
4
会议需要做好计划和引导。
为会议主题创建视觉语言。
以视觉的方式思考会议进程。
对打算在会议上探讨的问题进行分类、排序及测试。
为会议设计视觉模板。

如果你已经设计好了流程并希望其他人可以遵循该流程，那请使用第5个模块。

制作视觉指导书来指导他人引导会议。

你准备就绪。

你召开了一次有针对性的、吸引人的会议。

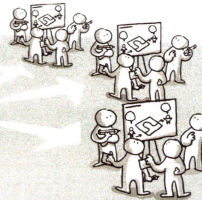

你的设计所创造的价值超出了最初的会议。

在战略部署流程中使用各模块

在本书中，你将看到以下示例：高层管理团队希望与整个组织进行战略性对话。由三位管理者负责该流程的规划和引导工作，先举办由高层管理者参与的工作坊，随后在整个组织中举办一系列的工作坊。

收到任务。

团队为战略创建视觉语言。

他们使用视觉的方法思考战略工作坊的进程。

战略工作坊的关键问题已列出、分类、排序并经过测试。

团队设计了视觉模板以使工作坊中的讨论得以聚焦。

他们制作了视觉指导书，使得其他人也可以引导战略工作坊。

团队准备就绪。

他们举办并引导了工作坊。

该工作坊的概念在整个组织内得以推广。

总结

视觉协作：在合作中使用视觉方式能够更容易地展现更大的图景，并在应对复杂挑战的团队中创建共同的语言、提高责任心及促进履行承诺。

需要知晓的三个术语：

- 引导：促进团队有效合作。
- 视觉引导：有方法性地使用笔和纸进行引导。
- 系统视觉图像法：通过有针对性的问题和视觉表达形式，引导团队的沟通和系统性理解，以实现有价值的结果。

视觉协作的五大模块

即视觉引导的实用方法。视觉协作是以系统视觉图像法为基础的，并建立在五大模块之上：

1. 发掘视觉语言
2. 设计合作流程
3. 确定关键问题
4. 创建吸引人的模板
5. 准备推广实施

你最近画过些什么?

1.
发掘视觉语言

发掘视觉语言

目的：展示如何绘制（几乎）任何东西

模块1

目标：为下次会议、项目或流程准备视觉语言

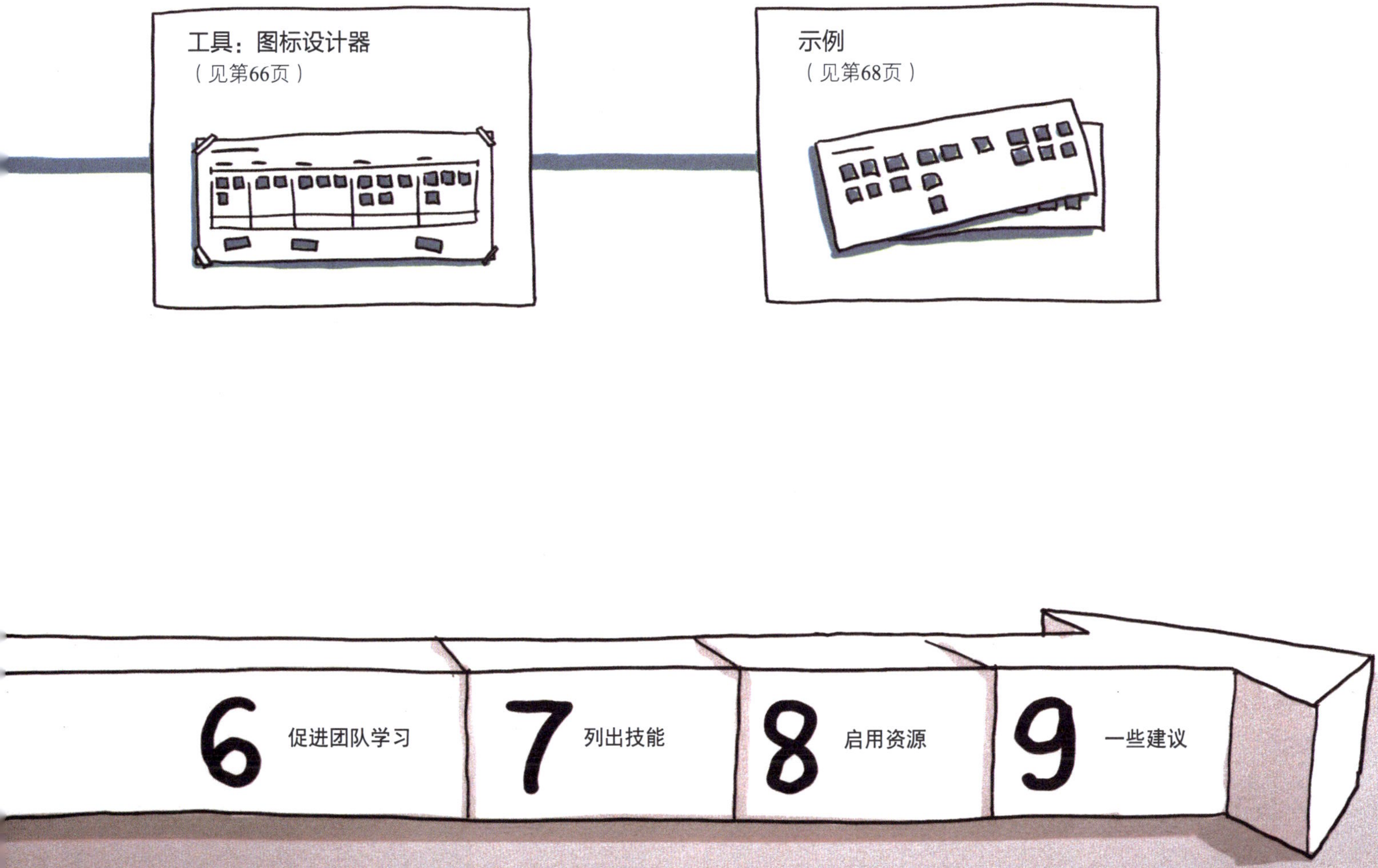

工具：图标设计器

（见第66页）

示例

（见第68页）

6 促进团队学习

7 列出技能

8 启用资源

9 一些建议

7种元素TM

获得视觉语言的捷径

每次会议都需要在特定时间、特定地点与一组人员讨论特定主题。

如果我们将此模式转换为视觉字母，那么可以构建一种视觉语言以用于会议和流程。我们称其为7种元素。

在你阅读本章的过程中，试着练习画出每个元素。

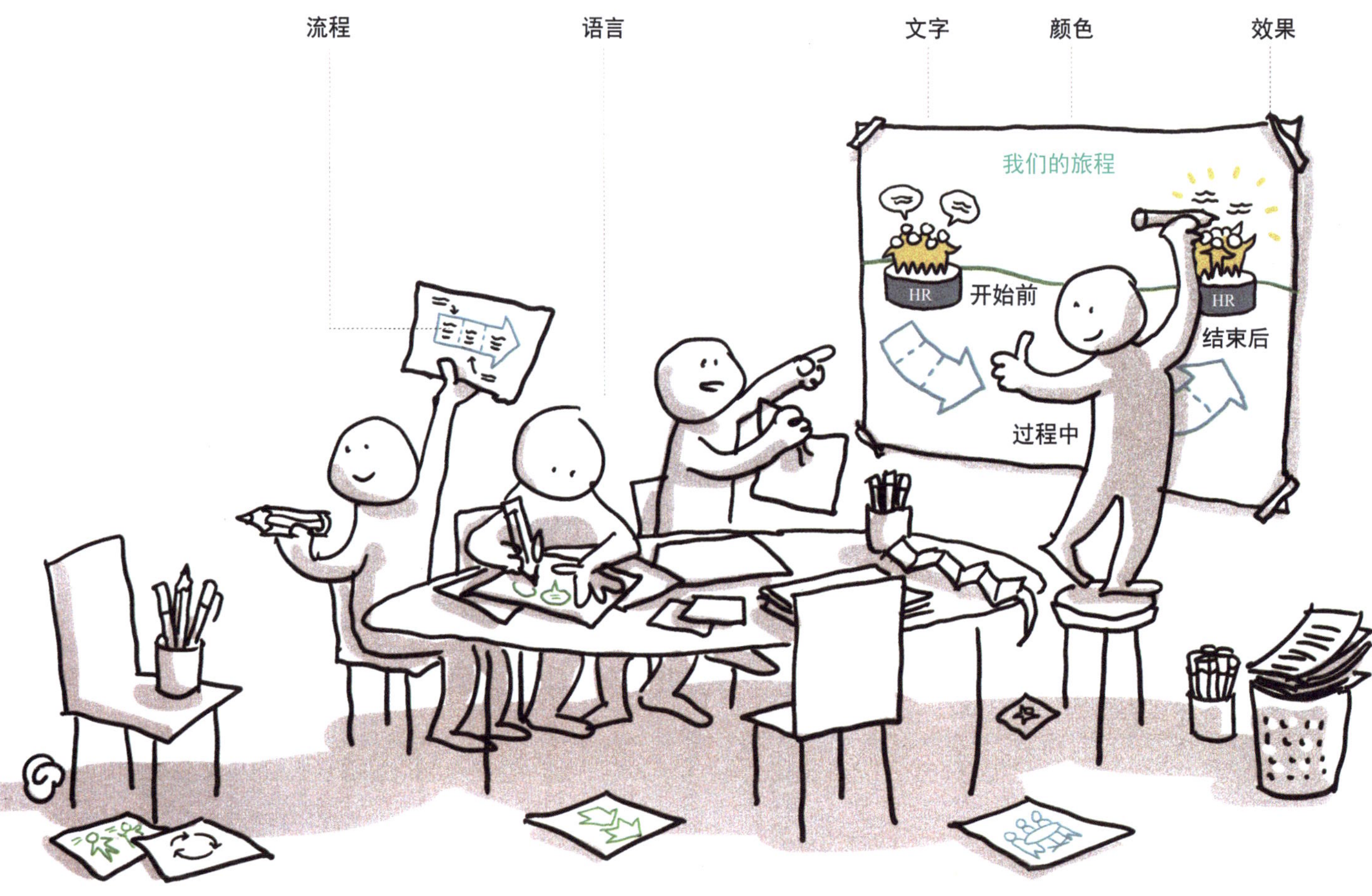
流程
语言
文字
颜色
效果
我们的旅程
HR
开始前
HR
结束后
过程中

7种元素

1. 人物

展示都有哪些人参与其中。我们都喜欢看到代表自己的标志。我们想知道自己所在的位置，还有哪些人参与其中，都有哪些角色，以及各自都承担什么责任。

对于绘制人物，最好找到某种易于绘制且易于他人理解的样式。大多数人都熟悉简笔画。

尝试绘制星形小人。你可以随时调整其形状来表示运动、着装和姿势。你可以用不同的颜色显示流程中的不同角色、职责或技能。

你

图画中的人物

参与者可以看出谁参与其中

A

B

C

啊哈！那个是我啊！

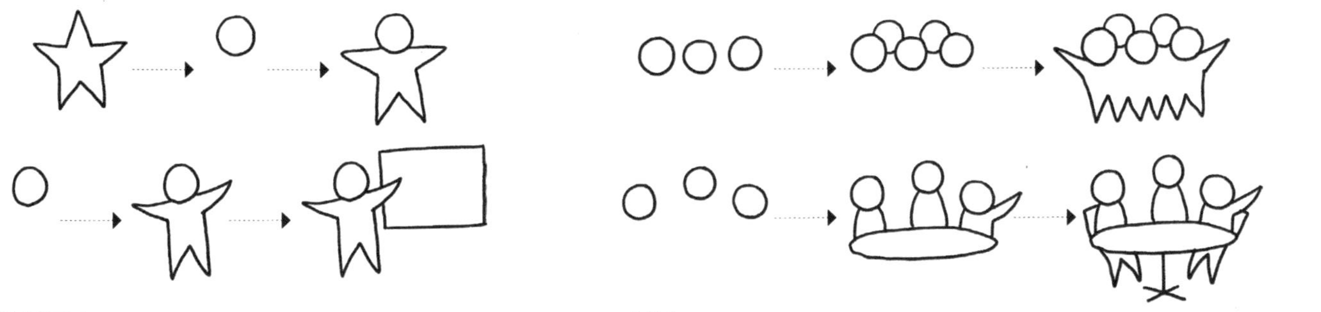

绘制星星

练习绘制五角星。用圆来替代尖角。

复制

绘制许多的圆和角。在绘制一群人时，数清楚有几个头会比较重要，而胳膊和腿的数量则不太重要。

尝试

让胳膊和腿伸向不同的方向，以表示运动或情绪。

7种元素

2. 地点

展示“如何”和“何时”。我们依据时间和地点来指引自己。我们希望能够看到自己身处何时何地。

地点的绘制要简明扼要。用指示牌、标签及平台来显示时间和地点。

你

在图画中显示时间和地点

参与者能看到事情发生在何时何地。

21/4

××旅馆

那天我就在那儿！

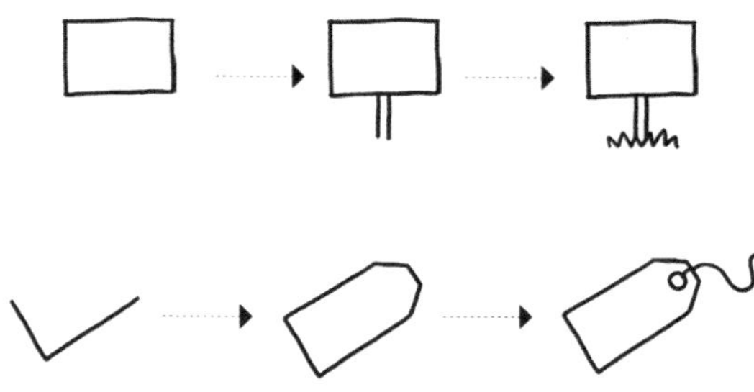

指示牌和标签

在图画中，用指示牌和标签框显示重要信息。

形状

可以通过改变指示牌和平台的形状以突出不同的内容。

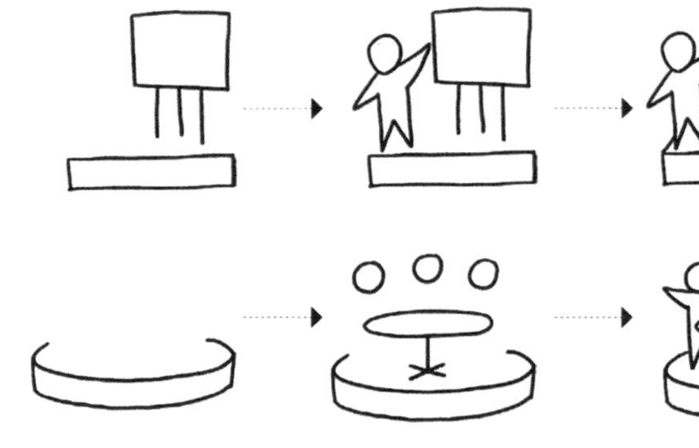

平台

根据你所处的场景，绘制一个平台来显示时间和地点。要画得大些，以便有余地配以文字或颜色。

水平线

水平线可以用来表示人在室内，而拱形线则表示人在室外。

7种元素

3. 流程

展示顺序、方向和来龙去脉。重要的是要显示人物的次序和方向或显示联系。

使用箭头展示流程，并加深对次序的理解。箭头也可以显示人物与单元间的关系。

展示系统，或沟通、信息及决策是如何在组织中达成、流动及做出的。

你
图画中显示的流程
参与者可以看到事情如何发展及其运作方向或联系
啊哈！第2阶段和第3阶段是联系在一起的。
1
2
3

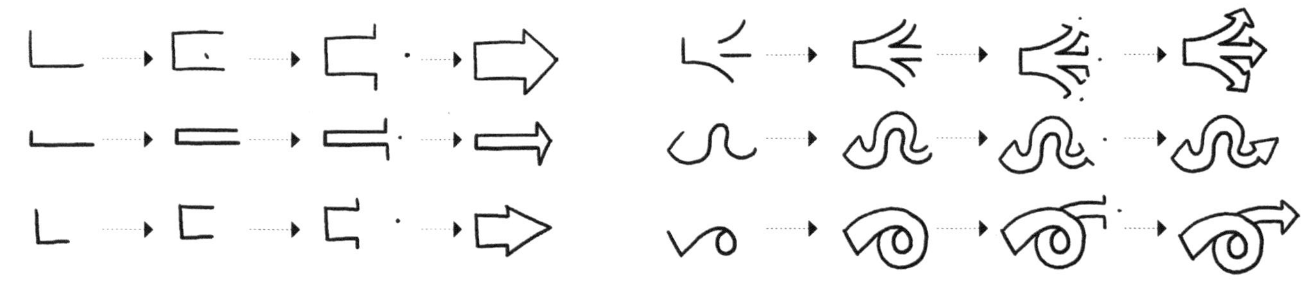

分步骤绘图

首先绘制箭头的主体线，然后绘制箭头的两侧线条，再在箭头的主体线中间水平位置点一个点。最后，绘制箭头的尖端。

箭头的变体

创建躯干长短各异、不同角度和尖端的各种箭头。通过创建不同的箭头以区分不同的流程。

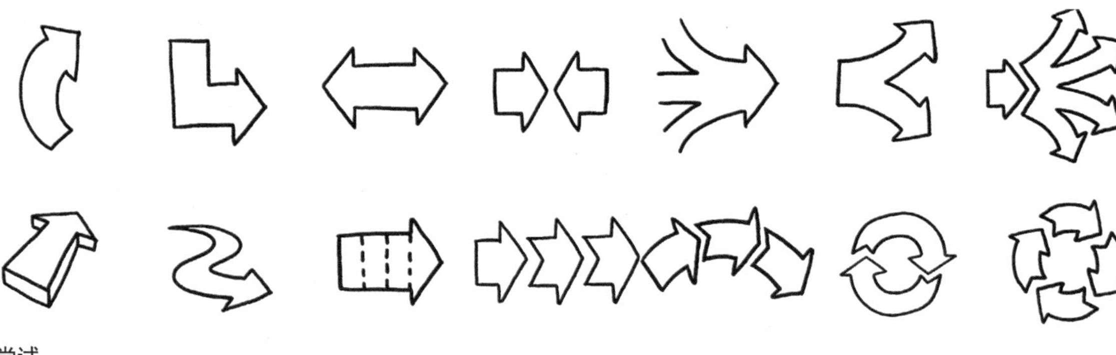

尝试

箭头可采用多种形式。尝试并组合不同形状的箭头，以找到与流程匹配的箭头。

7种元素

4. 语言

展示陈述、想法和感受。这些会使图画栩栩如生。你可以让参与者看到你听到了他们所说的话。你们也可以就未说出口的那些想法与感受展开对话。

表示语言或思想的“气泡”可以有不同的形式。不同的形状可以用来表达同意、分歧、沮丧、幸福和许多其他感受。

你

在图画中展示陈述、想法和感受

参与者可以把所说、所想和所感联系起来

我希望接受挑战。

开始前

论坛

我也是这么想的。

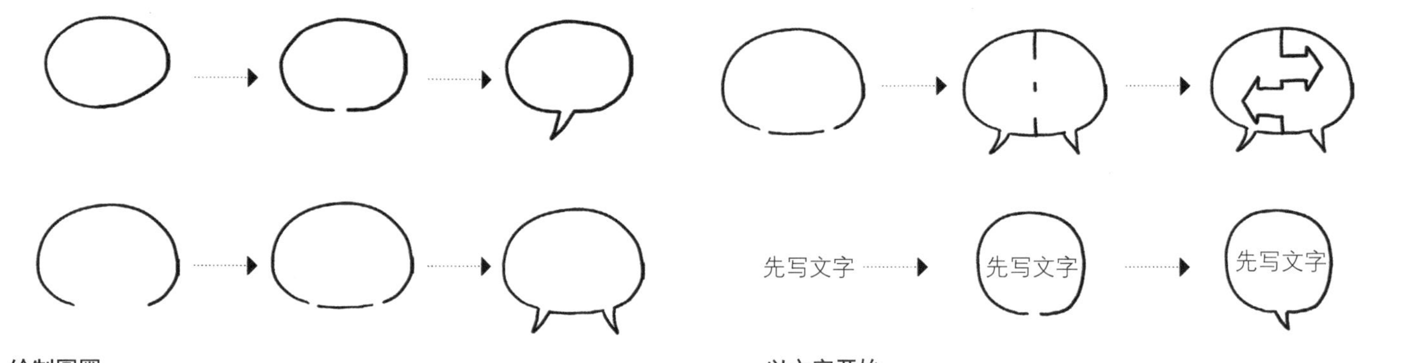

绘制圆圈

练习绘制圆圈。快速旋转画笔，这样画出的圆比较均匀。在圆圈上留下缺口，然后加上“尾巴”。

以文字开始

始终先写下想法气泡中的内容，再画边框，最后画“尾巴”。

尝试

把你看过的漫画书从储藏室里找出来，并从中寻找灵感。

7种元素

5. 文字

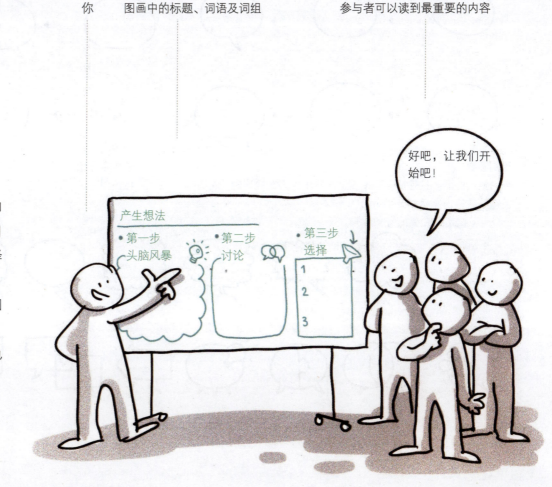

展现内容。文字与图画的结合使内容更鲜明，含义更清晰。使用醒目的标题、描述性的信息和精心选择的引文为其锦上添花。

在文字选择上花些时间，以便在图画中仅写出要点。

书写力求清晰，使人即便在远处也能轻松阅读文字。

你

图画中的标题、词语及词组

参与者可以读到最重要的内容

产生想法

第一步
头脑风暴

第二步
讨论

第三步
选择

1
2
3

好吧，让我们开始吧！

UNCLEAR TEXT

CLEAR TEXT

Lower case letters for quotations and longer sections of text.

清晰地书写

笔画要连贯，让每个字显得清晰完整。
要留出清晰的间隔。

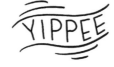

GRIDLINES HELP

THINK VERTICAL AND HORIZONTAL

CREATE DEPTH

运用辅助线

用浅色划出辅助线，并将字母垂直写在该线上。
尝试运用不同形式的辅助线。

HEADING 1

- HEADING 2
  - → HEADING 3
  - →
  - →

创建层次

运用项目符号列表和不同大小的字体来显示信息层次结构。

YIPPEE YES!

ABC ABC ABC ABC ABC

运用变化

当显示联系或差异时，请给标题加阴影或改变字体大小。

7种元素

6. 颜色

展示关系、差异和相似之处。策略性地使用颜色将帮助参与者看出关系、差异和相似之处。

策略性地使用颜色，如在表示流程中的行动时仅使用绿色便利贴，在描述角色时只使用蓝色便利贴。在图画中也是如此，使用不同的颜色代码来整理参与者的意见、对系统进行分类，或者区分不同的团队。

你

图画中的颜色代码

参与者可以看出关系、差异和相似之处

我来负责第2阶段的实施……

带上我一起！

项目计划

DARK TEXT
EASY TO READ
GOOD CONTRAST
CLEAR

GOOD FOR CONTOURS:

深色

深色在白纸上可产生清晰的对比度，使文字易于阅读。这在会有反光的白板上尤为重要。

DIFFICULT TO READ, BETTER FOR
UNDERLYING
FRAMING

HIGHLIGHT

ADD COLOR:

浅色

浅色在白色背景上比较难以识别，但是浅色对于下划线、突出显示和着色很有用。

TEAM

使用颜色代码

前后一致地使用特定颜色，可以帮助参与者搜寻图画中的内容。

7种元素

7. 效果

显示活力、移动和深度。特效能使图画生动，并易于理解。

小小的一根线或一个点，就能让图画变得不同。

如果你的星形小人双手高举过头，两手之间有半圆的短线，则表示高兴；如果你的小人双肩高耸及耳，并且头顶有黑色的锯齿线，则表示沮丧。

运用简单的线条和图形来强调含义。

你

图画中的特效

参与者可以看到活力、移动和深度

工作中的快乐

那就是我想要达到的状态！

活力线

使用一些活力线，你就可以给图中的物体和人物增添活力。

移动线

在物体的前、后或下方添加线条，可以显示移动或位置。

情绪线

用几根额外的线条来清晰地表达情绪。

阴影

在物体旁边或下方绘制一条粗灰色线，可以增加深度和透视效果。

7种元素的综合运用

整体展示。7种元素共同构成视觉字母表。在设计用于演示或对话的模板时，请使用所有7种元素。创建你自己的字母表。

练习：拿一张11英寸×17英寸（28 cm×43 cm）的纸，并逐步创建总览图。首先用2横2纵的浅灰色辅助线把纸分割成大小相同的九宫格，以便更轻松地绘制图画。右图中的示例显示了培训路径的结构。

辅助线
1．人物
2．地点
3．流程
4．语言
5．文字
学习过程
目标
挑战
准备
节点
技能
培训
6．颜色
学习过程
目标
挑战
开始前
准备
过程中
结束后
节点
技能
培训
7．效果
学习过程
目标
挑战
开始前
准备
过程中
结束后
节点
技能
培训

第8元素™

拓展视觉词汇

在使用视觉方式工作时，拥有庞大的，并能一直随着你参与的项目和流程进一步扩大和完善的视觉词汇（一种视觉化的语言）是很有价值的。

如果想要为某个项目创建视觉语言，则可使用第8元素方法。

- 列出项目中最重要的词语。
- 把这些词语按事物、地点、人物、流程和概念分类。
- 通过将其视觉化、简化、组合和确认含义来设计图标。

在适合的情况下，请使用图标设计器做个概览，然后进一步创建项目的视觉语言。

设计
视觉语言用于：战略
日期：6月18日
事物
人员
地点
流程
概念
设计
分类
清单

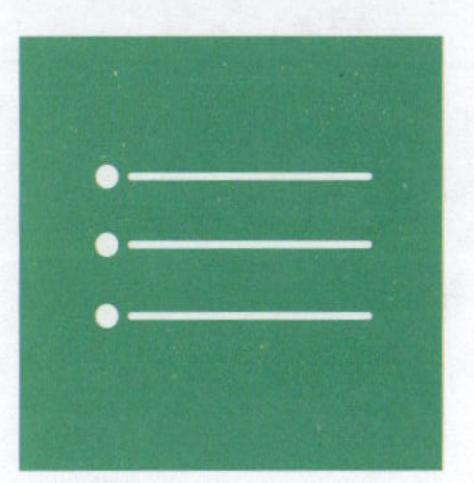

第8元素

清单

列出最重要的词语清单。 列出描述项目、流程和工作领域中最重要的词语和术语。

思考你的某一个项目，并列出可以用图标表示的所有词语和概念。

由一个团队讨论战略，并列出其最重要的词语

战略
合作
变化
目标
领导力
员工
威胁

趋势
招聘
节点
业务伙伴
劣势
优势
竞争对手

客户
金钱
挑战
办公室
愿景
多样化
发起
衡量

（视觉语言用于：战略）
日期：6月18日
事物 人员 地点 流程 概念
设计
分类
清单

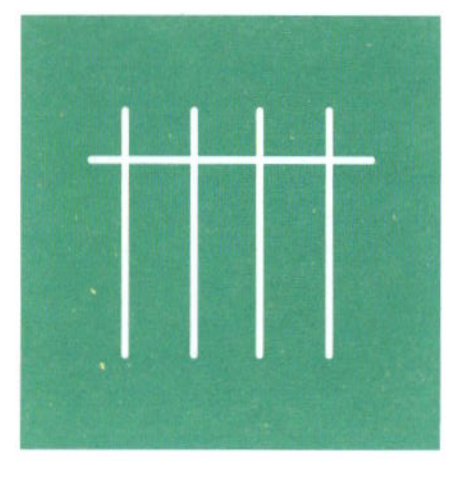

第8元素

分类

把词语分类。在对事物、人员、地点、流程和概念进行分类时，就迫使你去“观察”自己的词语。你必须决定某个词语是在描述某个实际的物体，还是在描述某一流程。你一旦开始把词语分类，便开始对其进行视觉化了。

对项目中的事物、人员和地点进行分类，有助于直观地看到分属在流程和概念下的词语

第8元素

设计

视觉化、简化、组合和确认。在这一步中，你开始创建图标。从具体类别（事物、人员、地点）中的词语开始。这些通常是最简单的。然后是抽象词语（流程和概念）。每次选取一个词语，问自己："这个词看起来像什么？"使用基本形状以及7种元素，并通过视觉化、简化、组合和决定其含义来设计图标。

视觉化

对词语运用想象力，用大脑来看看这些词语在现实世界中所指的是什么。当想到这个词语时，你会看到什么？包含哪些人物或事物？其周边都有些什么？它在哪里发生？如果你透过照相机的镜头观察这个词语，那么所拍摄的照片将会呈现出什么？

简化

把事物简化。删除所有多余的信息和所有歧义。图标应该易于被项目中的其他人理解、使用和复制。它应该易于绘制——最好不多于10笔。

组合

把图标放在一起。尝试不同的图标组合，并观察会产生什么新的含义。如果使用抽象类别中的词语，那么把它们与具体类别中的图标组合起来通常会很有意义。

确认

确认图标含义。所有图标的解释方式可能有所不同，具体取决于谁在查看或使用它们。把词语写在图画下方，以强调图标的含义。图标不是静态的，在使用时才被赋予了含义。

工具

图标设计器

如何使用

创建图标设计器。这是带有一个大表格的模板。可按照自下而上的顺序使用该工具，按步骤列出、分类和设计。这三个步骤以及图标与词语的排列方式让你能轻松地组合、完善和构建视觉语言。

使用便利贴，以保持工具的灵活性。

便利贴

绘制图标时，使用正方形便利贴。

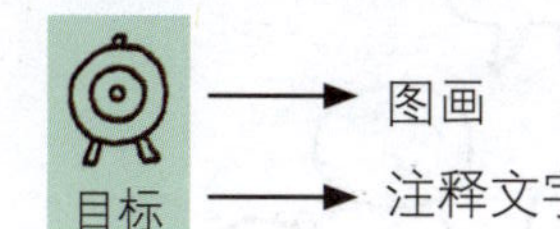

列出词语清单时，使用长方形便利贴

指南针

图标设计器
视觉语言用于：
日期：
制图人：
事物
人员
地点
流程
概念
设计
分类
清单

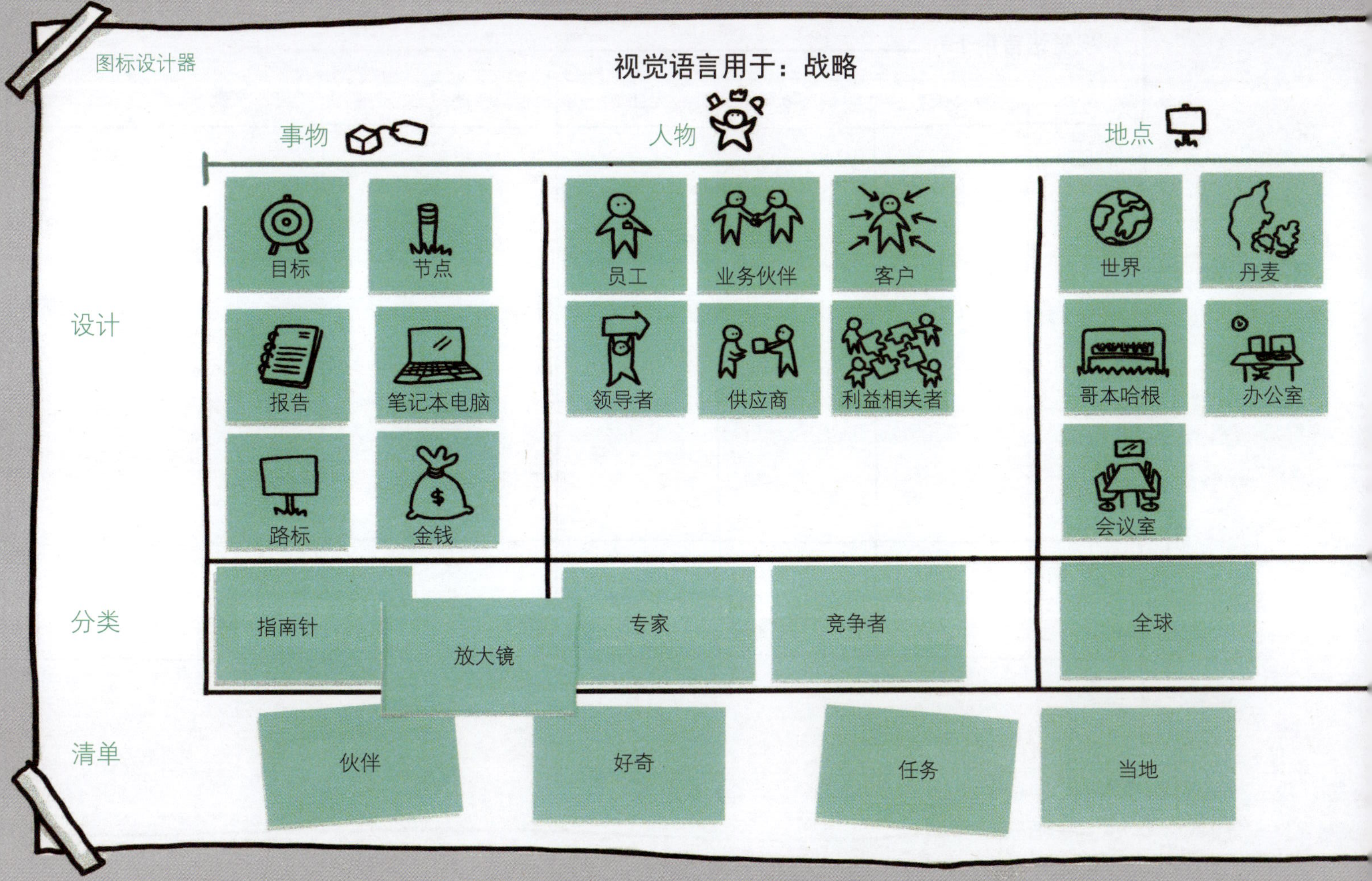

图标设计器

视觉语言用于：战略

	事物	人物	地点
设计	目标、节点、报告、笔记本电脑、路标、金钱	员工、业务伙伴、客户、领导者、供应商、利益相关者	世界、丹麦、哥本哈根、办公室、会议室
分类	指南针、放大镜	专家、竞争者	全球
清单	伙伴	好奇、任务	当地

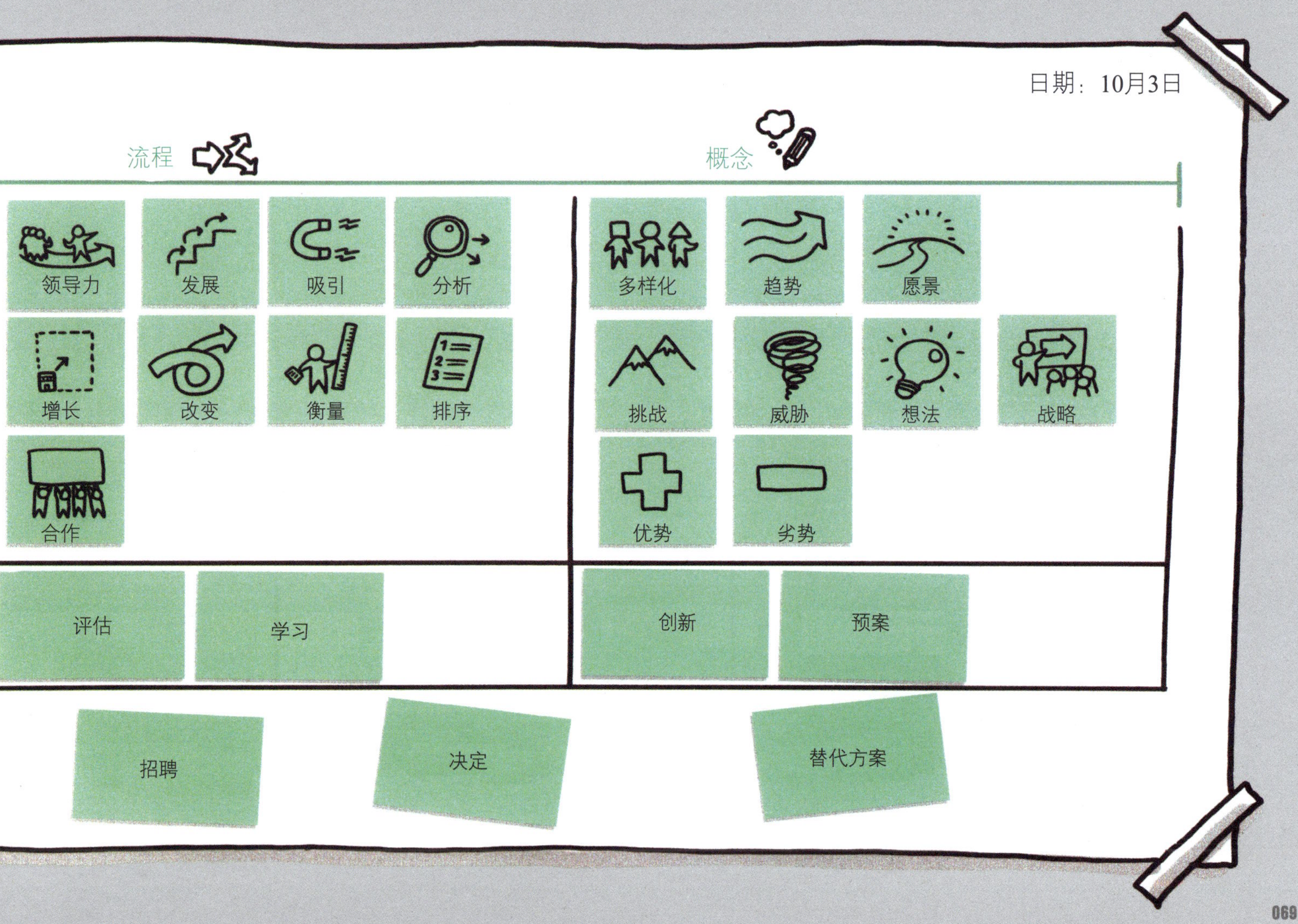
日期：10月3日
流程
概念
领导力
发展
吸引
分析
增长
改变
衡量
排序
合作
多样化
趋势
愿景
挑战
威胁
想法
战略
优势
劣势
评估
学习
创新
预案
招聘
决定
替代方案

工具 示例

图标设计器

视觉语言用于：气候变化

	事物	人物	地点
设计	发芽、汽车、风车、温室气体、树、国旗	个人、家庭、难民、工人、政客、代表团	家、森林、工厂、地球、大都会、政府部门
分类	废弃物	研究人员、专家	村庄
清单	生活方式、暴露其中的社区、雨林、适应		

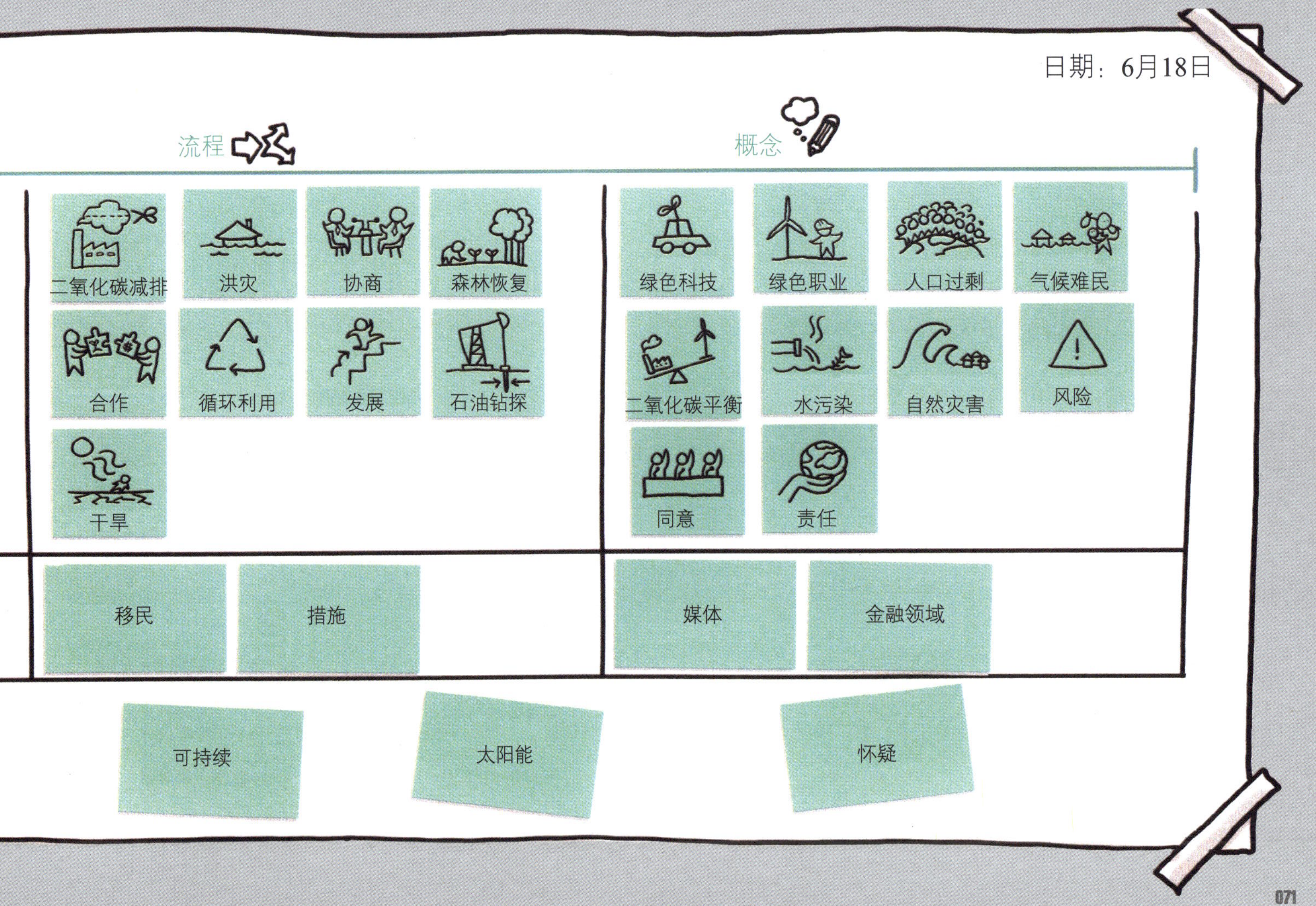
日期：6月18日
流程
二氧化碳减排
洪灾
协商
森林恢复
合作
循环利用
发展
石油钻探
干旱
移民
措施
概念
绿色科技
绿色职业
人口过剩
气候难民
二氧化碳平衡
水污染
自然灾害
风险
同意
责任
媒体
金融领域
可持续
太阳能
怀疑

总结

7种元素是一套用来给会议、流程及项目创建视觉语言的系统。把7种元素结合成与你相关的整体。

第8元素扩展了视觉词汇，为你的内容创建专门的图标。

图标设计器通过设计、分类和清单帮助你为项目或工作领域创建视觉语言。

对于你、项目和组织而言，
哪些词语是重要的？

它们看起来像什么？

视觉语言：创新

示例：部门视觉语言的示例，这18个图标显示了技术创新部所使用的内容。

技术创新部是马士基集团的部门名称，该部门负责技术领域的创新。

通过构思、测试、验证和试点项目，他们为未来的运输和物流开发解决方案。为了创建适合组织需求的相关解决方案，该部门同时与内部和外部团队一起运行该流程。

技术创新部为该流程创建了一套视觉语言。该语言用于向他人展示他们的身份、工作方式、工作环境，以及期望塑造的未来。

该视觉语言由152个词语及对应的视觉图像组成。它由部门内的员工所创建，并随着新词语、术语和概念的出现而不断发展。该语言用于解释复杂性，并使抽象概念更加具体。

该部门以视觉语言为起点，进而开发了视觉演示和对话工具，当邀请新的业务合作伙伴来了解和探索其创新过程时，便会使用这些工具。

“当你想在组织中创建新想法并进行创新时，需要能够广泛地吸引人们，并使他们参与不同类型的对话。如果你想创建创新文化，则需要以不同的方式做事。你需要探索新路径，使用新工具，并运用新技能。我们的视觉图像帮助我们与其他部门互动，并解释我们在做什么。”

——朱莉娅·沃伊蒂科特（Julija Voitiekute）

技术创新部创新组合经理，马士基集团

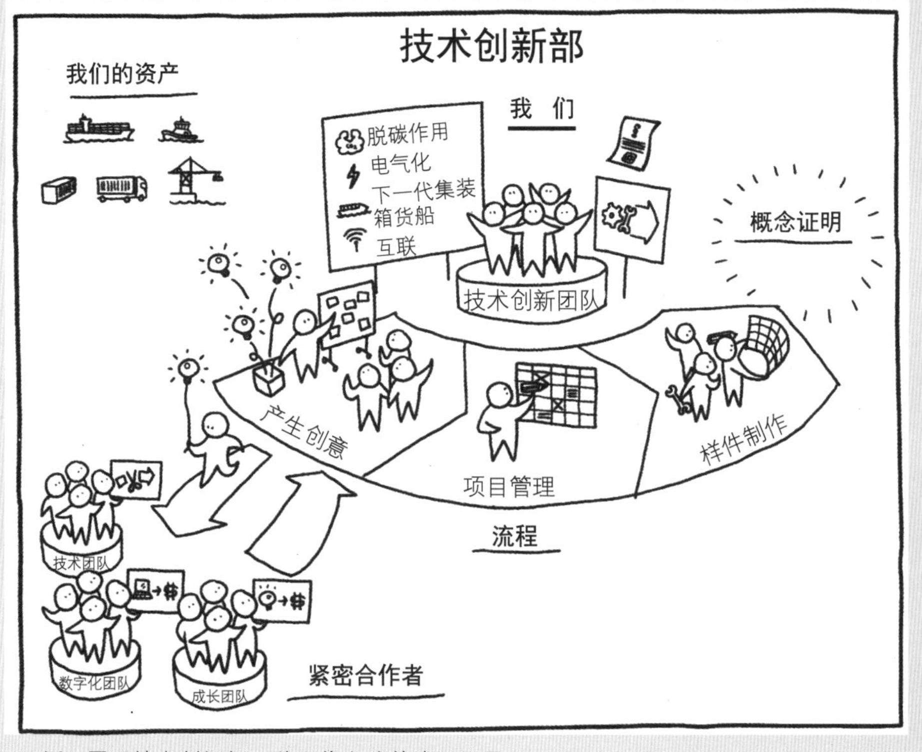

示例：展现技术创新部一种工作方法的演示工具

示例：“能量采集”

该图标显示了利用自然能源的未来之船。

2.
设计合作流程

设计合作流程

目的：启发你以视觉方式准备流程

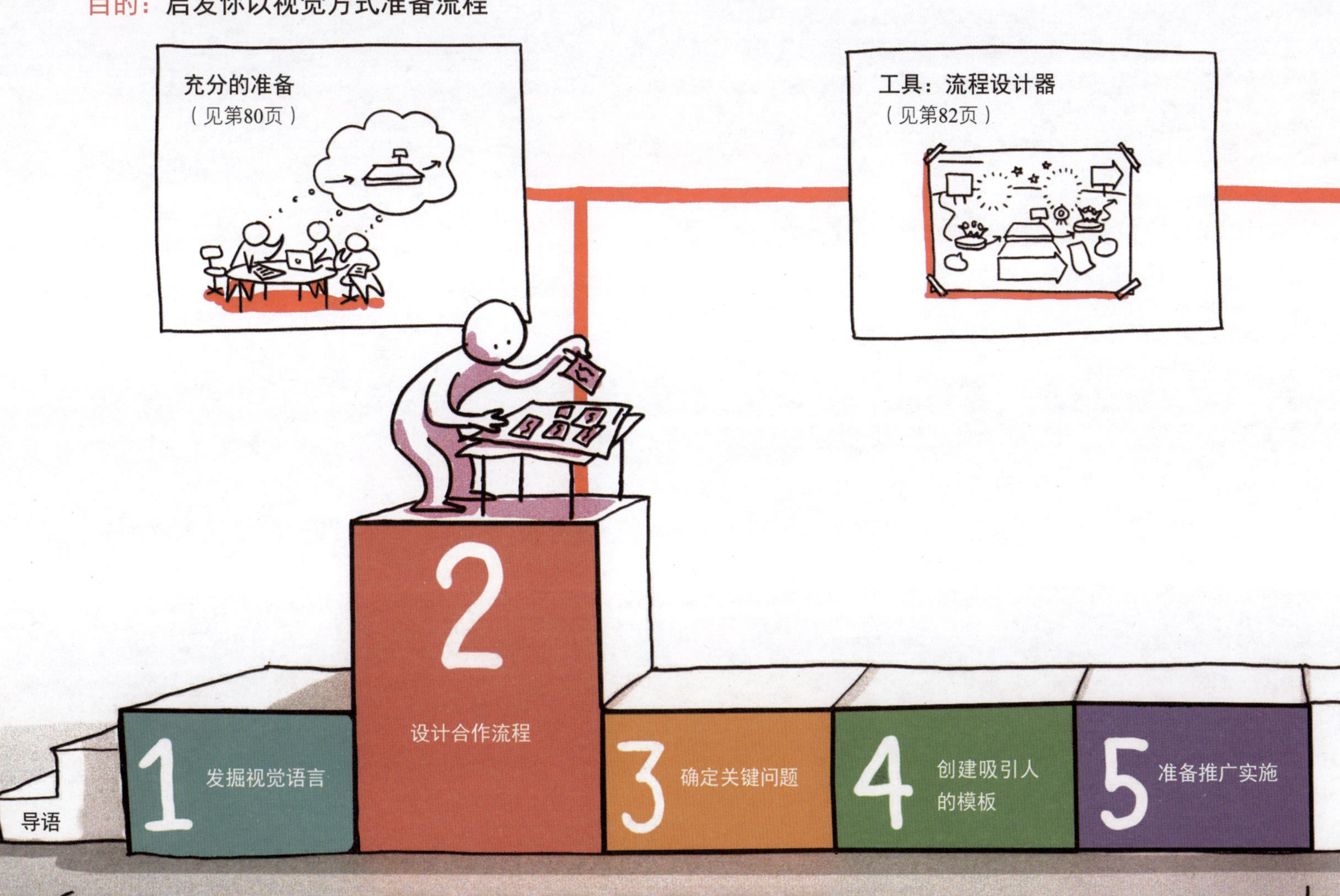

目标：为成功地运作下次会议、项目或流程做好准备

6 促进团队学习

7 列出技能

8 启用资源

9 一些建议

充分的准备

在任何优秀流程背后，通常都有着充分的准备。

为你想要引导的流程做好充分的准备，将为吸引参与者和取得良好的结果提供有力的起点。

这里的10个流程问题可以帮助你和你的同事做到这一点。

切记：从背景和目的开始着手。一旦目标确定，剩下的问题就比较容易回答了。以最适合于流程的顺序回答这些问题。

该流程的背景是什么?
该流程的目的是什么?
该流程的目标是什么?
该流程的结果是什么?
谁会参与该流程?
该流程里有哪些步骤?
该流程发生在什么场景下?
参与者有哪些体验?
该流程的指导原则有哪些?
该流程的后续步骤有哪些?
还有什么问题可能与下一个流程有关?

工具

流程设计器

使用流程设计器，针对即将进行的流程与你的同事进行讨论，以发现新的联系、查看盲点，然后一起创建整体。

在模板上（见第83页），10个流程问题中的每个问题都由各自的图标表示，它们共同构建了对即将进行的整个流程的视觉解说。

模板的结构

该流程的背景框位于左侧的地平线上。接着背景框的是挂在半空中用于书写流程目的的空白位置。在模板的右侧，你可以找到书写流程目标的空间，其图标是一块靶子。在目标下方，有个可用于列出流程结果的文档空间。

模板的左右两侧分别绘有流程参与者。左侧填写参与流程前的体验，右侧填写参与流程后的体验。

模板中间的平台象征着场景，即流程本身。平台上方挂着几颗星星，这些象征着指导流程的原则。在平台下方，是用于显示流程步骤的箭头。

在模板右上角绘制了带有一对脚印的箭头标志，可以在那里填写该流程的后续步骤。

如何做？

绘制模板，可以根据当前流程调整参与者的数量、流程步骤和场景内容。

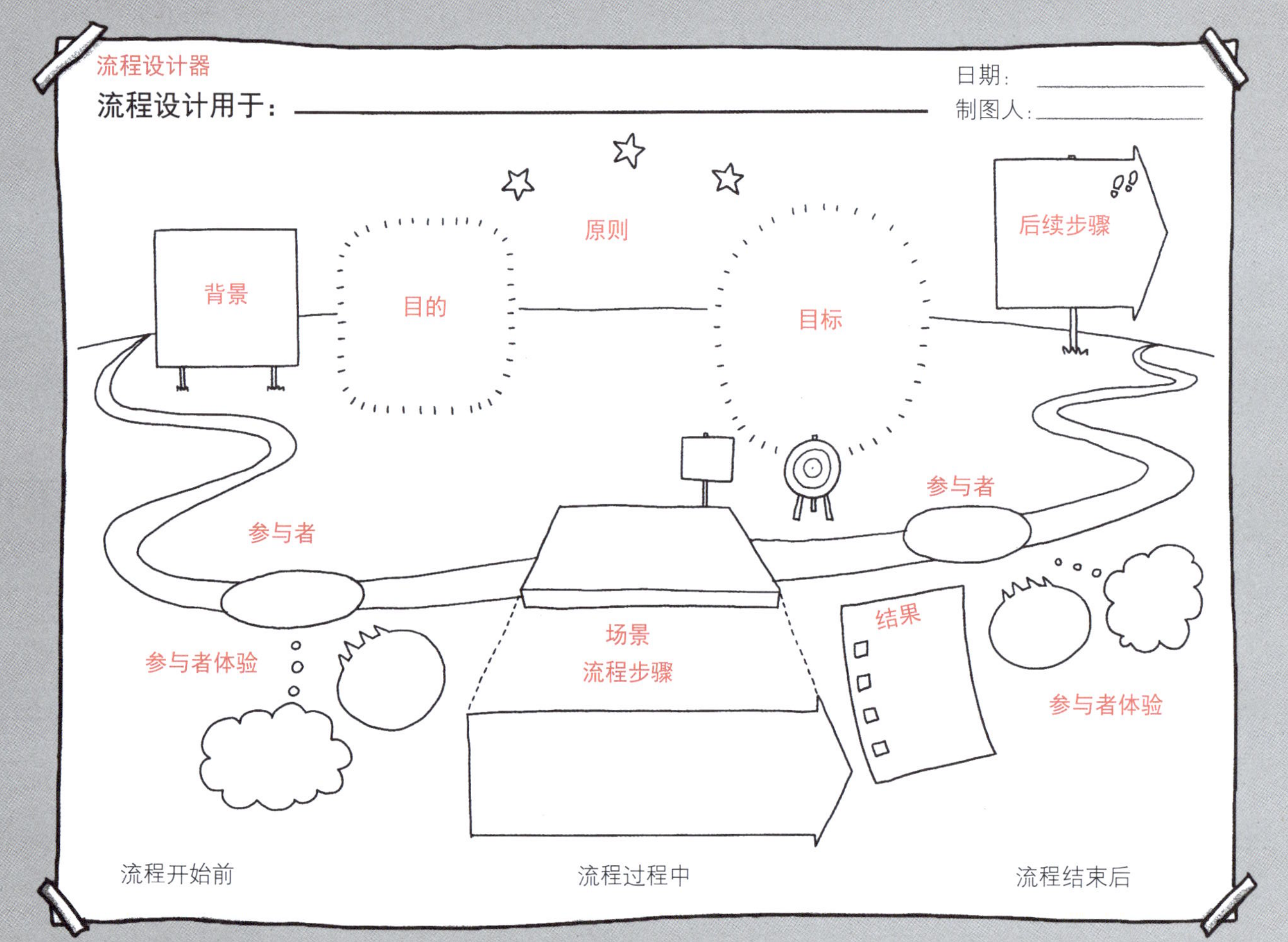
流程设计器
流程设计用于：
日期：
制图人：
背景
目的
原则
目标
后续步骤
参与者
参与者体验
场景
流程步骤
结果
参与者
参与者体验
流程开始前
流程过程中
流程结束后

流程设计器

背景

背景是什么？

背景区域里描述的是该流程之前发生的事情，换句话说，就是该流程启动的原因。

此处列出了导致流程启动的最基本需求、趋势、事件、数据或决策。

示例

管理者准备为他的员工做演讲。

考虑事项

是什么促使我不得不做这个演讲？这是来自什么需求？哪些事件、决策或数据会成为这个演讲的基础？

流程设计器

目的

该流程的目的是什么？

目的能够回答为什么需要开展该流程。

一个清晰的目的应当有意义和有针对性。流程的每个活动及其结果都必须能够根据流程的目的进行评估。目的必须是令人信服的，并且必须能够引导参与者达到期望的结果。

我们要分享关于本周最重要的任务的信息。

示例

员工正在为其部门的每周例会准备新的结构。

考虑事项

参与者为什么会聚集在一起？

他们每周例会的目的是什么？

流程设计器

目标

该流程的目标是什么？

目标描述了人们希望实现什么。

目标设定了方向。

每个流程都应当有清晰而描述准确的目标，该目标可以让参与者感觉充满活力，并激发其投入的渴望。

朝目标明确的方向发展比较容易。精心设计的目标可用于整个过程，以评估你是否步入正轨。

示例

某项目小组在设计管理研讨会。

考虑事项

管理研讨会的目标是什么？我们的目标是什么？我们如何才能看到是否已经达成目标？我们的目标与目的是如何相互呼应的？

流程设计器

结果

该流程的结果是什么？

具体结果是可见的、可衡量、可评估或可统计的。

把流程结果清晰地表达出来，使得流程目标具有行动导向性，明确了需要从流程中得到什么。完成流程本身并不是目标，完成后的结果才是。

结果必须符合流程的目的和目标。

示例

创新团队在计划关于产生创意的工作坊。

考虑事项

工作坊将产生什么结果？工作坊期间，必须生成哪些具体的元素？有哪些可见且可评估的结果表明我们已达到目标？

10个按重要性排序的新点子。

流程设计器

参与者

谁参与了该流程？在参与者区域中描述参与了该流程的个人。可以用不同的特性对其加以描述：需求、兴趣、角色、责任和任务，或作为具有共同特征的集体。

重要的是要弄清楚所邀请的是哪种类型的参与者，以便所有人都以最佳方式参与其中，并确保每个人都对流程的目的提供支持。

对于所有参与者或参与小组，简要说明他们是谁、来自何处，以及将做出什么贡献。

示例

正在准备培训课程。

考虑事项

谁是参与者？他们对培训课程有什么兴趣？在此过程中谁担当什么角色，承担什么职责和任务？这些参与者的群体特点是什么？每个参与者都有哪些资源，这些资源如何发挥作用？

流程设计器

原则

该流程的指导原则有哪些?

原则是描述在特定流程中，我们如何实现最佳合作的指南或指引。

原则表达态度、价值观和品质。原则有助于应对流程中可能出现的挑战。

原则需要留有余地，以使其具有包容性，而不是排他性。同时，它应该保持简单，以便每个人都可以理解和接受。

参与和对话。
是的……还有相关性和宜人性框架。

示例

项目组计划召开一次公开会议。

考虑事项

参与者应当如何合作，才能进行有价值的对话?参与者应当如何行动，才能达到目标和期望的结果?

流程设计器

场景

该流程在何时何地进行？该区域内描述的是流程发生时的场景，以及时间、地点和周边环境：何地（地点），何时（时间段，日期和时间），以及所需的资源（设施、设备与材料）。

优秀的流程设计具有详细的场景描述，使得周边环境尽可能地支持计划的流程。

如果适用，那请绘制最理想的场景布局。为确保成功，需要哪些设备，以及需要使用哪些材料？

示例

团队正在准备工作坊。

考虑事项

工作坊会在何时举行？在哪里举行？具体的地点和准备工作有哪些？需要哪些设备和材料？

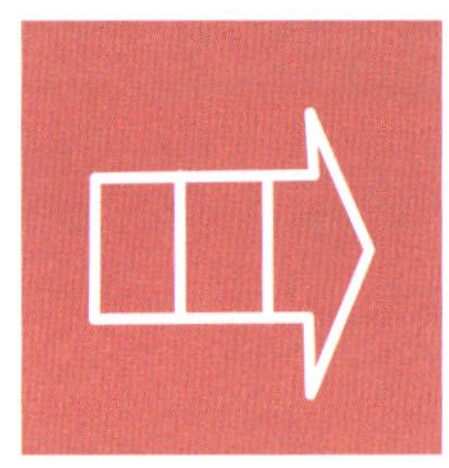

流程设计器

流程步骤

流程中会包含哪些步骤？此区域中包含了组成该流程从头到尾的步骤描述。流程步骤是构建模块，可确保流程的目的在具体活动中得以体现，从而达到目标并产生结果。

流程中的每个步骤应当有个标题和简要描述。流程步骤也可以提出谁对何事在何时负责。在第一轮中，流程设计器只需要包含总体步骤。稍后可以在指导书中进一步详细描述。

示例

团队正在设计评估流程。

考虑事项

评估流程应包括哪些流程步骤？我们应当先做什么？随后在流程中做什么？最后要做什么？我们的流程如何变化？

1: 欢迎
2: 阶段和财务
3: 学习

流程设计器

参与者体验

流程会提供怎样的参与者体验？参与者的体验就是将自己置于参与者的位置，然后策划出参与者在流程前、流程中以及流程后将经历的事情。

把自己置身于参与者的位置，对能否成功设计出有相关性的流程至关重要。流程设计者应明智地考虑参与者的需求、兴趣和对流程的期望。

运用文字和图像来描述不同的参与者在流程前、流程中和流程后的想法、言语和行为。

示例

某位管理者在准备员工的年终评估。

考虑事项

员工在会议中应当有怎样的体验？他/她在会议前、会议中和会议后会怎么说？会议结束后他/她能做什么？

流程设计器

下一步

流程之后会发生什么？对紧接着流程后所发生的事情有清晰的想法，会有助于确保所有参与者对流程所做的工作与投入都得到识别。以尽可能具体的术语来描述后续行动。这很简单，例如列出谁记录会议纪要，或者谁发出新的会议邀请。清楚地知道流程结束后会发生什么，有助于确保工作继续进行。

示例

项目组正在设计会议。

考虑事项

会议结束后会发生什么？

谁将使用结果？什么时候以及如何使用它们？

项目团队汇总每个人的投入……
……并且公布在该会议中提出的一系列建议！

如何使用该工具

设计流程时，最好与其他人一起使用流程设计器。流程设计器为流程提供了框架，因此可以更轻松地绘制、讨论和设计所有元素，同时让它们结合为整体。通过有组织的方式分配时间，准备并按你自己的方式使用该工具。

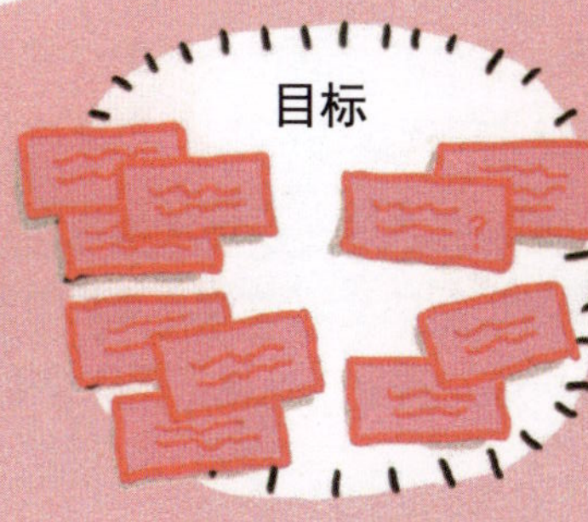

1．绘制

绘制较大版本的工具，以便你与同事可以站在它前面进行工作。

2．头脑风暴

逐一处理所有流程问题。每个问题的角度是什么？有哪些可能的答案？是否所有利益相关者和参与者都承担了责任？从宽泛的角度开始，将所有答案写在便利贴上，然后将其放置在工具的相应区域。哪些回答是不谋而合的？哪些是意见相左的？每个问题下便利贴的数量能够说明在哪部分的内容上需要下更多的工夫。

3．归类

浏览所有便利贴上的每个问题，并根据共性进行分组。有些类别可能有很多便利贴，有些则很少。有产生新的想法吗？可以绘制出其分布吗？讨论每个类别的特征。

4. 构思

退后一步，看看每个问题的答案。如何制定新的标题来抓住最重要的要点？将标题写在新的便笺纸上。使用简短的句子，以便于记忆。把便利贴按优先顺序排列，并仅保留最好的那些。

5. 选择

你想从流程中获得的关键点是什么？怎样才能将其在你的回答中表达出来？你如何能够使其具有针对性，并使其简化？为每个问题的回答创建优先顺序。选择一到两个最重要的回答，并将其保留在该区域中，或者直接将其写入或绘制到工具图中。然后去除剩余的便利贴。

6. 做成文档并分享

以这种方式回答所有10个问题后，你便了解了全面的流程设计。对结果拍照，与所有相关人员共享，并在下一阶段的工作中使用它来记录流程，如适用，与将来的流程参与者或其他利益相关者进行沟通。

工具 示例

每周例会

两名员工正在为其部门的每周例会设计新的架构。每周例会是该部门的经典活动。每周例会有许多不同的形式，但它们有一些共同点：每周重复一次，与会人员都了解其例行程序及文化。

该示例演示这两名员工如何使用流程设计器为其部门的每周例会设计新流程。

每周例会的**背景**是部门需要固定的议程，以确保员工彼此共享知识。**目的**是共享知识并共同处理该周最重要的任务。每周例会的**目标**是使每个人都了解彼此的工作和本周最重要的任务。**结果**是特定任务必须在给定时间内由特定人员完成优先任务列表。**参与者**是部门的工作人员，会议由部门经理领导。必须确保达成每周例会目标和结果的**原则**是，每个人都在倾听学习、分享最重要的信息，并以解决问题的方式思考。所在的**场景**是：每周一在202会议室召开1小时会议，并配有投影仪和白板。**流程步骤**包括：

- 部门经理致欢迎词
- 所有员工简要汇报工作
- 根据汇报内容展开开放式讨论
- 总结：本周员工的角色和职责划分

参与者体验：在会议前，与会人员要谈论他们的工作任务，并渴望了解同事的任务。会议结束后，与会人员将对彼此的工作有更好的了解，并且准备好应对本周的工作。**后续步骤：**会议结束后，会议负责人向所有与会人员发送一封包含优先任务和截止日期摘要的电子邮件，任务完成。

两名员工在为其所在部门的每周例会设计新的架构

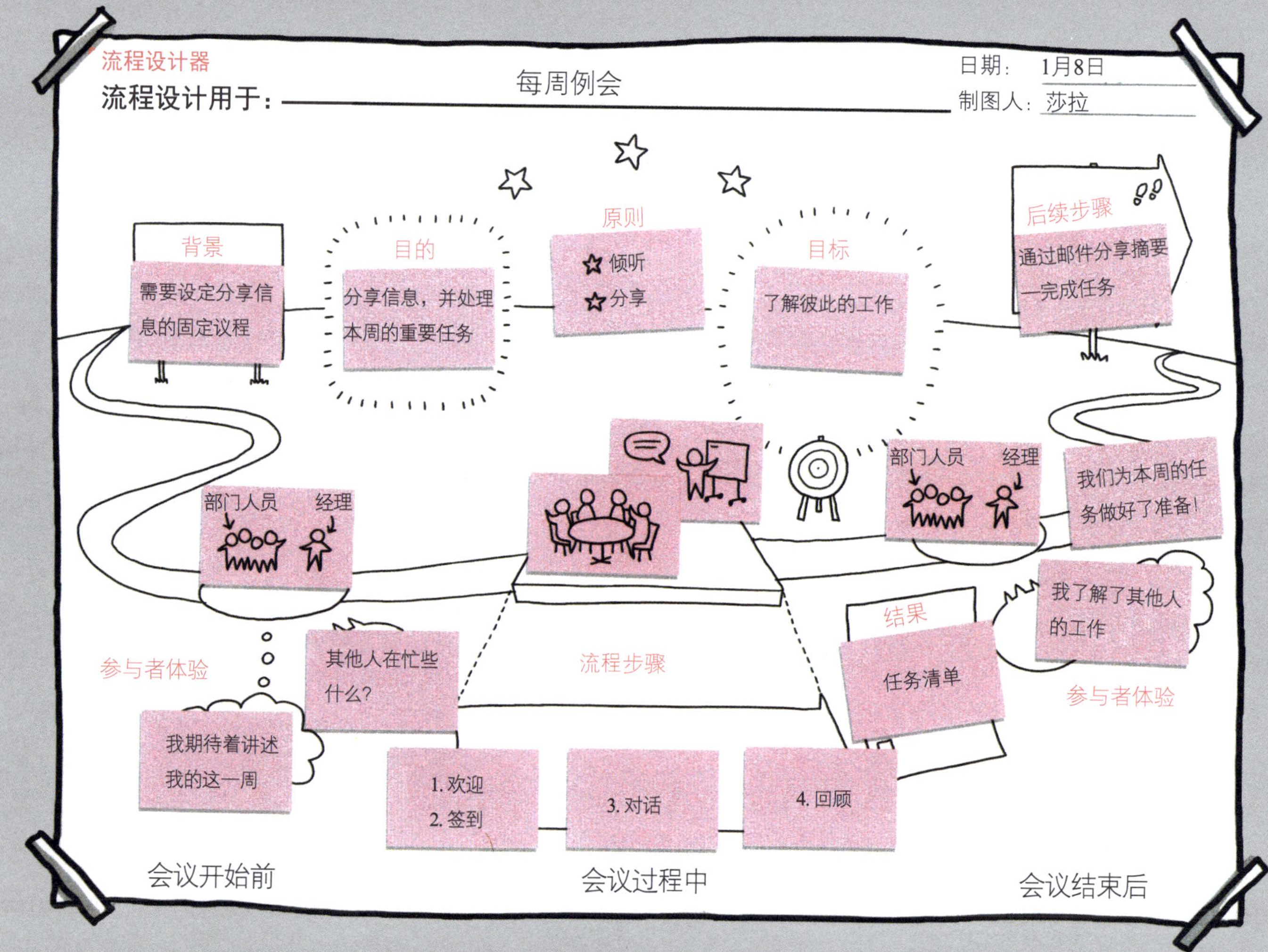
流程设计器
流程设计用于：每周例会
日期：1月8日
制图人：莎拉
背景
需要设定分享信息的固定议程
目的
分享信息，并处理本周的重要任务
原则
倾听
分享
目标
了解彼此的工作
后续步骤
通过邮件分享摘要——完成任务
部门人员
经理
部门人员
经理
我们为本周的任务做好了准备！
参与者体验
其他人在忙些什么？
我期待着讲述我的这一周
流程步骤
结果
任务清单
我了解了其他人的工作
参与者体验
1. 欢迎
2. 签到
3. 对话
4. 回顾
会议开始前
会议过程中
会议结束后

工具 示例

战略工作坊

工作坊是把团队召集在一起，以一种专注而实际的方式来解决特定任务的工作方法。

本例讲述组织执行董事会时，如何使用流程设计器为其高级管理团队设计战略工作坊。

举办该工作坊的**背景**是，执行委员会期望向高层管理者展示他们制定的新战略，以获得批准。工作坊的**目的**是与管理团队一起介绍和调整新策略。其**目标**是让管理团队采纳新策略。其**结果**是完成4个战略问题答案的完整模板。**参与者**是10位高层管理者，2名执行委员会的成员，以及一名工作坊引导师。指导工作的**原则**包括对话、相关性以及参与度。

场景是2小时的会议，现场有白板、模板，以及绘图和书写的材料。

流程步骤包括：

- 欢迎和介绍
- 战略展示
- 关于4个战略问题的对话
- 总结及后续步骤

参与者体验：在工作坊开始前，管理者会对新战略感到好奇。在工作坊期间，大多数人会表现出积极的态度，但该战略的某些方面会让人产生疑问。在工作坊结束后，每个人都会觉得自己的想法得到了听取，并在制定战略内容中发挥了自己的作用。

后续步骤：工作坊结束后，应实施管理者的意见，并将策略推广到组织的其他部门。

执行委员会为其组织的10位高层管理者筹办战略工作坊

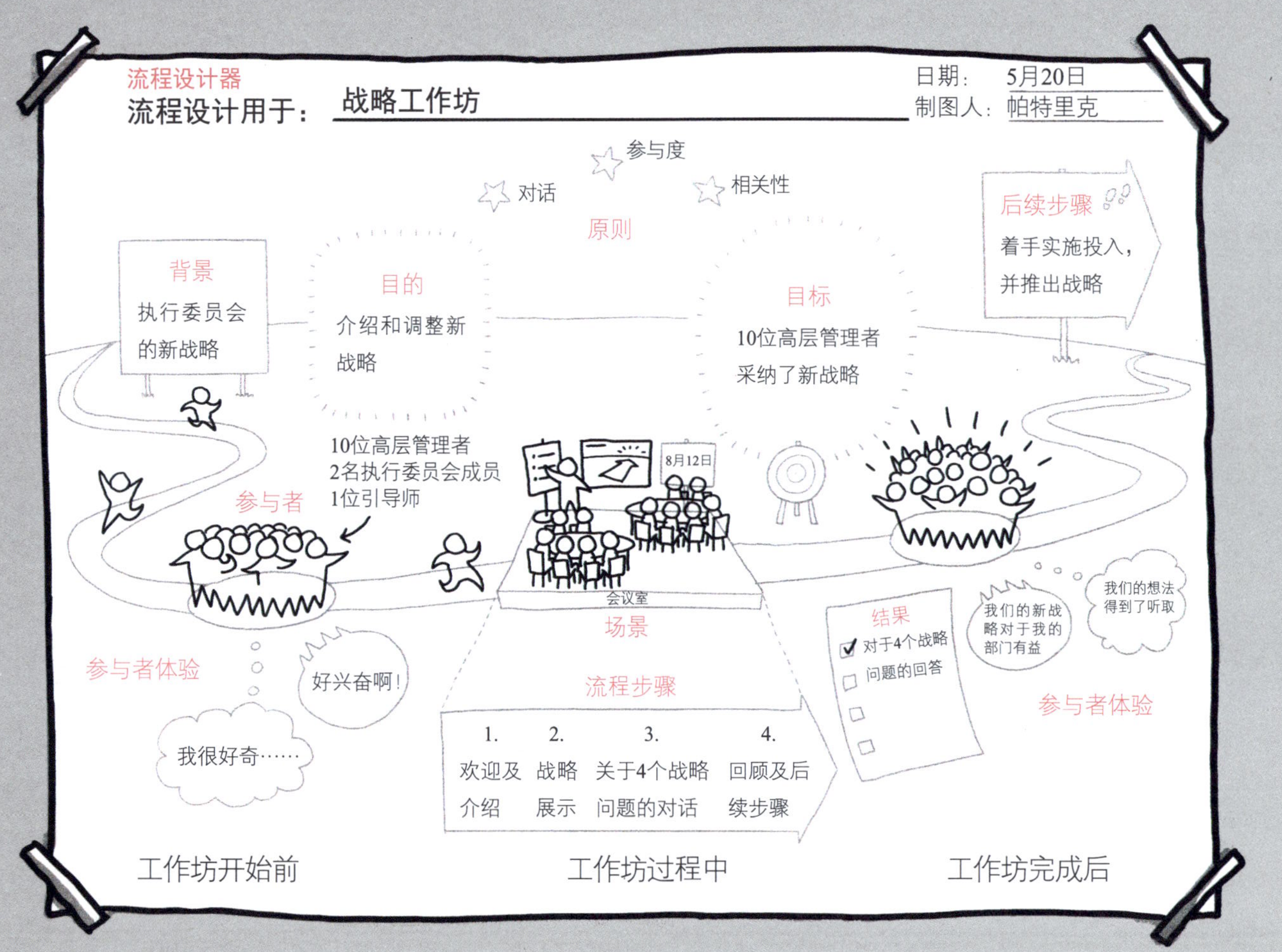
流程设计器
流程设计用于：战略工作坊
日期：5月20日
制图人：帕特里克
对话
参与度
相关性
原则
背景
执行委员会的新战略
目的
介绍和调整新战略
目标
10位高层管理者采纳了新战略
后续步骤
着手实施投入，并推出战略
参与者
10位高层管理者
2名执行委员会成员
1位引导师
8月12日
会议室
场景
参与者体验
好兴奋啊！
我很好奇……
流程步骤
1. 欢迎及介绍
2. 战略展示
3. 关于4个战略问题的对话
4. 回顾及后续步骤
结果
对于4个战略问题的回答
我们的新战略对于我的部门有益
我们的想法得到了听取
参与者体验
工作坊开始前
工作坊过程中
工作坊完成后

总结

充分的准备：10个流程问题可以帮助你和团队设计几乎所有的流程。

流程设计器：如果在流程设计器中视觉化地处理流程问题，则能总揽全局并确保流程设计过程中的一致性。

应用：该工具可以单独使用，也可以在团队中使用，用以集思广益、选择、分组和制定流程中最重要的元素。

示例：流程设计器和10个流程问题可以用于人们互动需要的所有类型的流程。你可以在下一个流程中按照需要添加附加问题或元素。

对你而言，为哪个过程设计流程
会很有价值呢？

出于共同目的，而达成一致

2014年索罗会议：视觉化的、共创的未来青年教育计划愿景

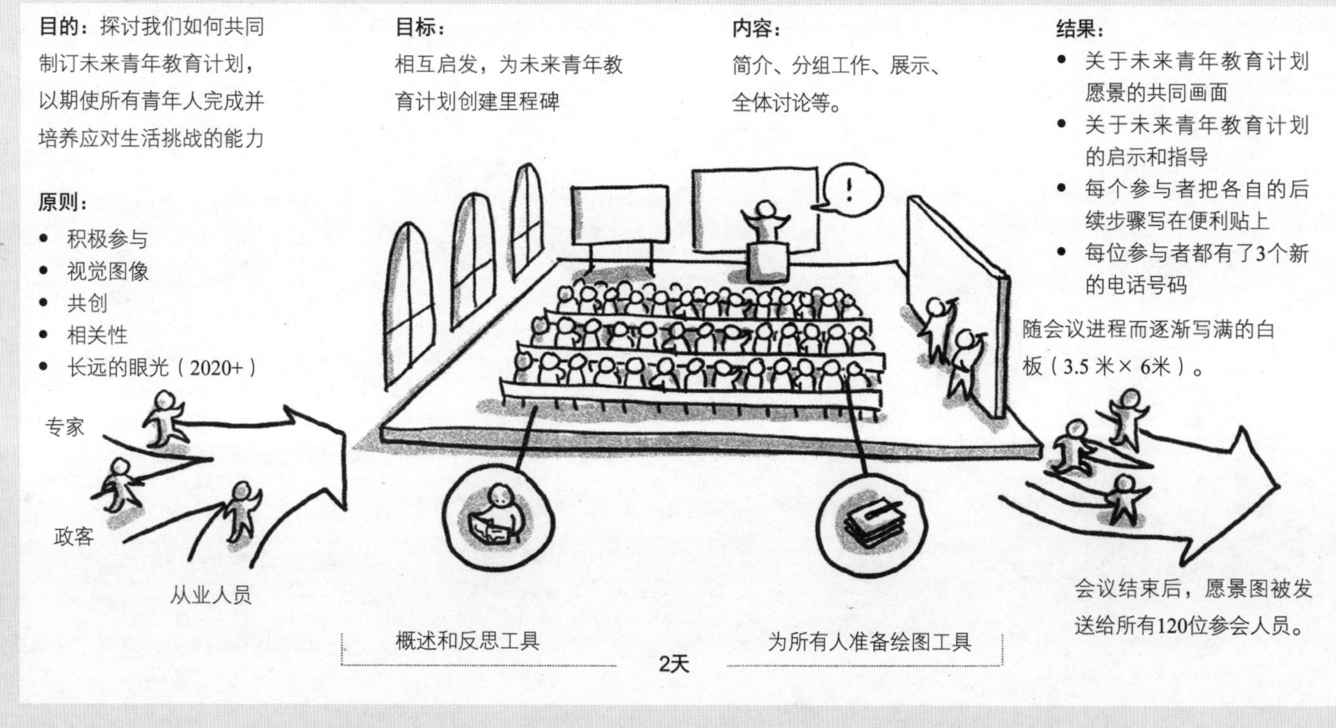

目的：探讨我们如何共同制订未来青年教育计划，以期使所有青年人完成并培养应对生活挑战的能力
原则：
• 积极参与
• 视觉图像
• 共创
• 相关性
• 长远的眼光（2020+）
目标：
相互启发，为未来青年教育计划创建里程碑
内容：
简介、分组工作、展示、全体讨论等。
结果：
• 关于未来青年教育计划愿景的共同画面
• 关于未来青年教育计划的启示和指导
• 每个参与者把各自的后续步骤写在便利贴上
• 每位参与者都有了3个新的电话号码
随会议进程而逐渐写满的白板（3.5米×6米）。
!
专家
政客
从业人员
概述和反思工具
为所有人准备绘图工具
2天
会议结束后，愿景图被发送给所有120位参会人员。

索罗会议：在1980年代初期，当时的教育部长贝特尔·哈德（Bertel Haarder）在丹麦哥本哈根索罗学院开启了讨论当前教育政策话题的传统。该会议邀请了学校教师、专家、从业人员、艺术家和政治家共同参与。

2014年的会议讨论了面向年轻人的未来青年教育计划。就在这次会议上，教育部长克里斯汀·安托里尼（Christine Antorini）在会议前、会议期间和会议后，都选择采用视觉引导的工作方法。

鉴于部长的日程安排非常紧凑，她无法参与索罗会议的所有审议和决定。

通过在早期计划阶段进行视觉化工作，会议流程、内容和结果通过视觉图像得以强化。

许多组织或网络举行会议或论坛，以共享知识并“共同思考”，这里的索罗会议也不例外。但这里有个关键的细节是，事实上这些参会者收到邀请，是由于他们与会议的主题在政治上有所联系。因此，他们不是同一组织的成员，不一定要朝着相同的愿景努力，而且就如何达成该愿景持有不同观点。

从这个意义上说，索罗会议的参会者是多样化的群体，因此，辨识不同参与者成了决定性的因素，这关乎能否成功地使参会者共创，并采纳未来青年教育计划愿景。即便无法全盘接受，至少采纳他们亲自帮助制定和视觉化的那部分。

会议结果是，未来青年教育计划的视觉愿景随后被发送给所有120名参会者，以便他们可以分享会议体验，并继续在自己的组织或网络中就未来青年教育计划进行对话。

“作为部长，你会做出很多决定。因此，拥有由熟练的合作伙伴组建的网络至关重要，你可以依靠它来澄清主题、掌握所有权，并在知情的基础上做出决定。该项目组在筹备2014年索罗会议时，使用的视觉工作方法使我们可以轻松地了解会议将如何展开，我们在哪里可以进行调整，以确保我们拥有可以使每个人真正发挥影响力的流程。”

——克里斯汀·安托里尼（Christine Antorini）

丹麦教育部长（2011—2015）

3.
确定关键问题

确定关键问题

目的：为你提供策略性处理问题的方法

模块3

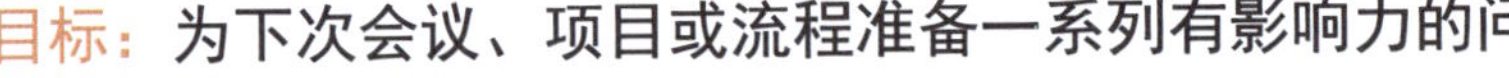

目标：为下次会议、项目或流程准备一系列有影响力的问题

视觉图像问题

（见第126页）

工具：问题设计器

（见第136页）

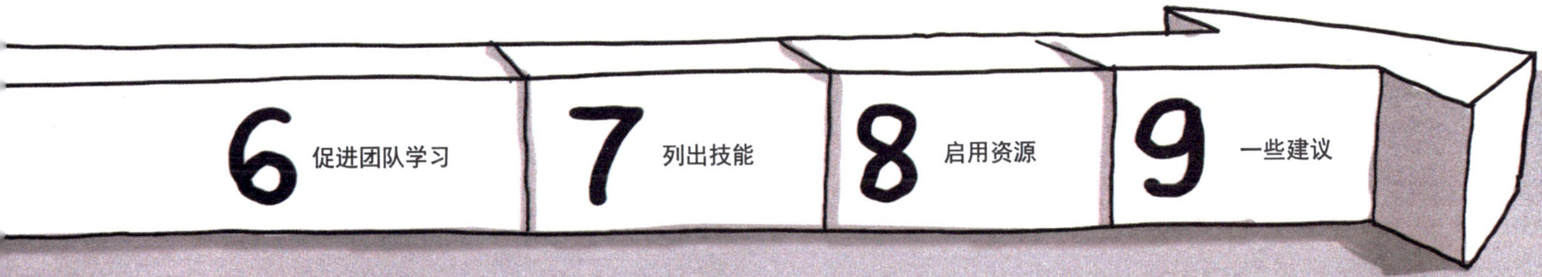

6 促进团队学习

7 列出技能

8 启用资源

9 一些建议

恰当的问题

我们提出的问题和要回答的问题，一起赋予我们生活的基本意义。

人们思考世界和提出问题的能力对其进步和发展至关重要。索伦·基尔凯郭尔（Søren Kierkegaard）穷其一生寻找答案的问题是：“作为人类意味着什么？”该问题为存在主义奠定了基础。N.F.S. 格隆特维格（Grundtvig）问：“我们如何创造自由、鲜活、自然的人类启示？”这个问题奠定了丹麦公立学校体系的基础。

我长大后会怎样？对我来说最重要的是什么？我应该学习什么？我将在哪里生活？和谁一起？问题设定了方向并集中了我们的注意力。无论我们处理基本的、个人的或者组织的问题，恰当的问题都会启发我们寻求有意义的答案。因此，值得花时间来构思恰当的问题。

“如果我有1小时来解决问题，那么我会花55分钟来思考问题，然后花5分钟来考虑解决方案。因为一旦我理解了问题，就能在5分钟之内解决该问题。”

——阿尔伯特·爱因斯坦

问题让我们聚在一起。许多组织、项目以及会议的发起是为了寻找某个或多个共同的重要问题的答案。

“我们如何为许多人创造更好的日常生活？”
——即使在宜家成立70多年后的今天，只要在宜家工作，那么你每天都会审视这个著名的让所有部门和层级都在思考的问题。（英格瓦尔·坎普拉德Ingvar Kamprad，《家具商的宣言》，1976年）

“我们如何创建每个人都能完成的教育计划，并培养能够应对生活挑战的年轻人？”
——时任教育部长克里斯汀·安托利尼在2014年的索罗年度峰会上提出了上述问题。她召集了120位教育专家，就丹麦青年教育的发展进行了为期2天的对话

“我们如何才能加速对于笔和纸的使用，并向世界展示学会绘图至少与学习阅读、书写和计算一样重要？”
——这是在Bigger Picture公司工作时驱动我们的问题

恰当的引导型问题会为流程设计提供支持。在前一章节我们介绍了可以帮助创建内在一致的流程设计的10个问题。在本章中，我们将说明问题如何能够支持流程设计：如何设计符合流程目的的问题，如何帮助流程朝其目标迈进，并确保实现可在将来得以使用的具体结果。

哪些问题对于你下个流程中的参与者来说是最为相关的？

对话之路

当向团队提出某个恰当的问题时，就像邀请大家一起去研究、发现和探索绝佳答案一样。

优秀的引导师通过提供有针对性的框架，提出指导性问题，并根据需要提出调整意见，以此鼓励和激发建设性对话。目标是让团队成员一起“思考”，共同创建新奇的、富有成效的想法，并形成和分享新见解。对话之路要求团队成员能够开诚布公、畅通无阻地彼此沟通和倾听。作为引导师，你可以将各种类型的问题按特定顺序组合起来运用，来支持该流程：

- 在流程开始时，使用问题来明确轮流发言的原则，并期望参与者相互倾听是很有用的。
- 在流程进行中，使用具有探索性和开放性的问题会收益颇丰。
- 在流程的最后，需要更多具有反思性和封闭性的问题。

此处的良性对话之路受到了美国管理教练威廉·艾萨克斯（William Isaacs）的启发，在此以简化形式进行呈现。关于对话和讨论的定义，以及问题的各种示例均属我们的原创。

在艾萨克斯实现良性对话之路上，每次对话中我们都会面临一个选择：可以选择搁置评判，并保持开放态度；也可以选择去评判他人，并捍卫自己的立场。

为自己立场辩护的宣讲人彼此间会分崩离析，其结果是，各方最终都不得不独自思考。相反，如果参与者选择搁置评判，对话就能拉近彼此，然后就可以一起思考。作为引导师，你的挑战是设计问题，并以有助于团队共同思考的方式，促成关于这些问题的对话。目的是通过反思性学习对话，参与者可以形成一致的意义和见解，而不仅是交换意见。

对话

起源：源于希腊语dialogos（谈话）。

此处的定义：对话是参与者可以通过言语、文字或图画，针对给定的主题共同检查、探索和发现新观点的合作流程。

讨论

起源：源于拉丁语discutere（分解成碎片）。

此处的定义：讨论是对立观点交会的十字路口（以言语、文字或图画的方式），不同的立场在此标记，个人的边界在此界定。

问题的示例

轮流发言原则：
——艾玛，你对这次合作有何期待？

显示积极地聆听：
——罗伯特，你听到简所说的最重要的话是什么？
——你觉得我们听到的观点有哪些相似之处？

支持反思性对话：
——索菲亚，你提到××，其依据是什么？
——为什么专注于××很重要？

支持学习性对话：
——根据我们所听到的，接下来的最佳途径是什么？

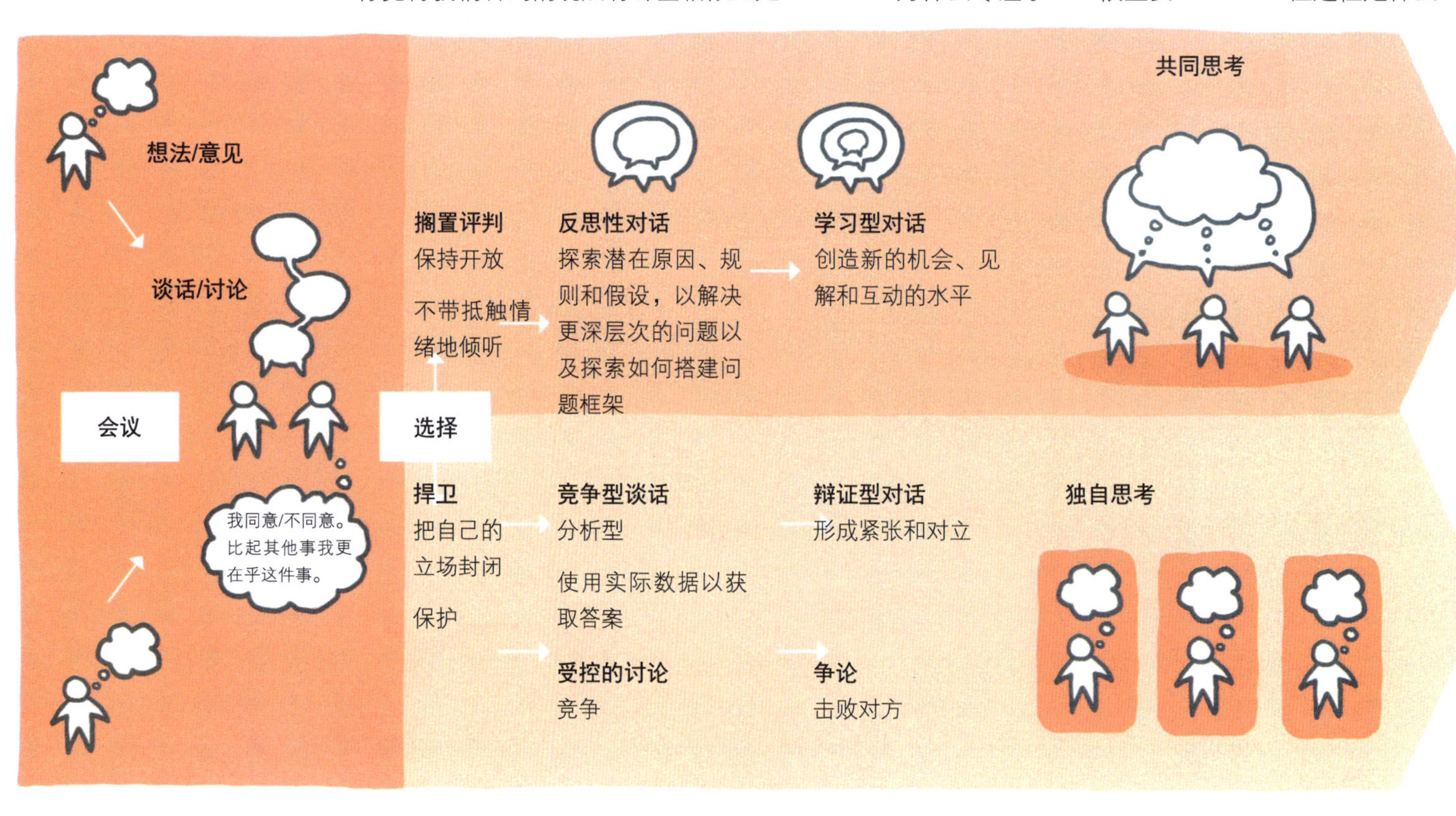

问题的功能

作为引导师，问题是你最重要的工具。它们令创新得以形成、运用、激发，并促成良好的对话。

开启和结束对话。在就某个流程设计一系列问题时，对问题的作用和提出的时间点加以考虑是至关重要的。有些问题是开放型的，期待大量的、各式各样的回答。有些则是封闭型的，其目的是引出结论、选择和决定。根据问题的作用加以运用，并在流程中最适时地提出，这对于流程的进行、参与者的体验，以及参与者因此而做出的回答内容都是重要的。

因此，当我们为某个流程设计一系列问题时，需要在脑海中时刻记得我们称之为流程菱形的模型。此流程菱形是对山姆·肯纳（Sam Kaner）的“参与式决策菱形模型”的一种形象化表达。我们对肯纳的模型稍做了简化，以便在此着重对引导型问题的各种作用以及其在流程中的设置加以介绍。

根据肯纳的说法，引导过程可分为3个阶段：发散期、动荡期和收敛期。

流程菱形

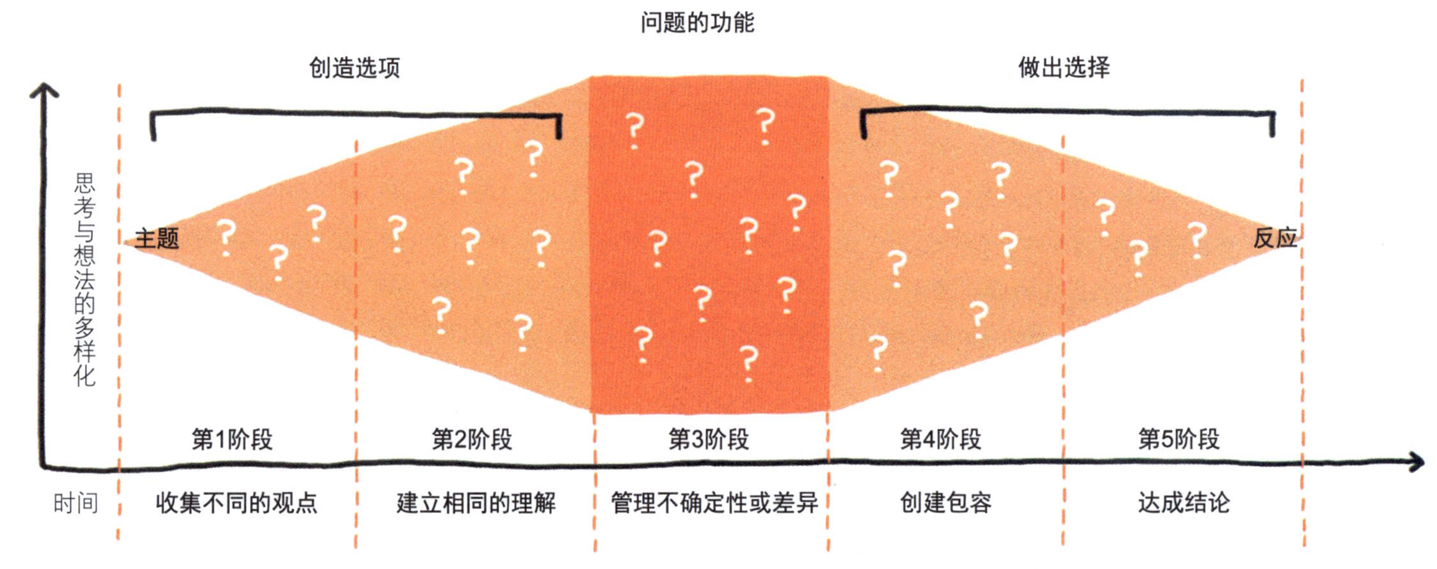

发散区：

第1和第2阶段

在发散、开放的区域，有着自由度和开放性。这里收集了不同的观点，并寻求替代方案。这是个开放的阶段，参与者要说“是”“并且”，而非“不”“但是”。该区域从根本上讲是关于给定主题或问题的知识共享。在该开放区域中，存在着思想和观念高度多样化的空间。发散区分为2个阶段。第1阶段提出一些问题，吸引开放而多样的答案。第2阶段中的问题促进形成广泛的共识框架。

动荡区：

第3阶段

动荡区是流程中通常会引起参与者产生困惑和沮丧的阶段。此时，主题或问题的复杂性变得最为明显，参与者可能会感到在此处没有明确的前进之路。在第3阶段的区域中，问题的功能是帮助小组管理和接受差异与不确定性。必须设计问题，以帮助参与者应对挫败感，并找到前进的道路。

收敛区：

第4和第5阶段

在收敛、闭合区域，参与者要评估自己创建的内容。他们必须总结关键点、确定优先级，并将其知识分组以得出最终结论。团队必须对其结论共同承担责任。收敛区包括流程的最终阶段，即第4和第5阶段。第4阶段问题的功能是让参与者通过连接和划分其内容来建立凝聚力。在第5阶段的问题构思，必须明确要求参与者做出决定并结束流程。

流程菱形的宏观与微观层面

引导师的角色和责任是设计并引导一系列步骤，参与者可以通过这些步骤共同找到主题或问题的答案。通过对问题以及在流程菱形3个区域中不同功能的运用，引导师帮助流程及其参与者稳步向前。

流程菱形可以同时在宏观及微观层面使用。在宏观层面，你可以根据菱形的3个区域来设计整个流程，以及相关的一系列问题。在微观层面，你可以使用流程菱形来设计一系列辅助问题深入到流程中至关重要的那个问题中。在这两个层面上，一系列问题的设计，都是以菱形的3个区域作为基础的。

宏观层面

把问题加入流程菱形中，使得他们可以一起回答以下总体问题：我们2030年的战略是什么？

示例

管理团队打算花2小时开会决定其2030年的战略总体纲领。在宏观层面上的每个问题都可以在微观层面做进一步的探索。

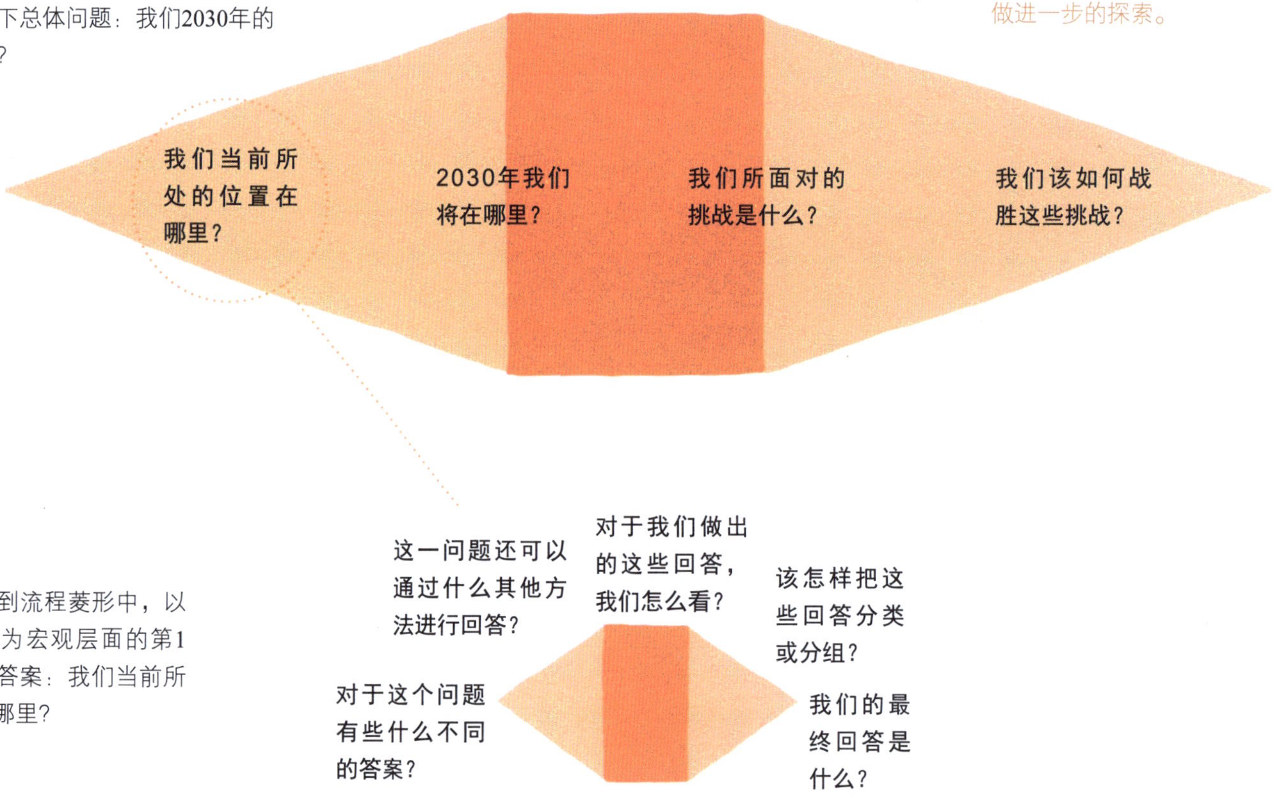

我们当前所处的位置在哪里？

2030年我们将在哪里？

我们所面对的挑战是什么？

我们该如何战胜这些挑战？

微观层面

将问题输入到流程菱形中，以便它们共同为宏观层面的第1个问题提供答案：我们当前所处的位置在哪里？

对于这个问题有些什么不同的答案？

这一问题还可以通过什么其他方法进行回答？

对于我们做出的这些回答，我们怎么看？

该怎样把这些回答分类或分组？

我们的最终回答是什么？

问题构建

从三个维度来设计问题：问题的结构、假设和范围，这可以为你创建可提升洞察力、创新力和行动力的恰当问题，提供良好的开端。

三个维度

埃里克·E.佛格特（Eric E. Vogt）、瓦尼塔·布朗（Juanita Brown）和戴维·艾萨克斯David Isaacs在他们的文章《有力提问的艺术》中写道："我们所获取知识的效能和采取行动的效果，取决于所提出问题的质量。"在文章里，他们还提出了名为"恰当问题架构"的三维法则。

他们指出了用以建立学习型对话框架和打开发现之门的有效问题的三个维度。它们是结构、假设和范围。

通过周全地考虑所有三个维度而设计出的问题，能够促进洞察力、创新力和行动力。

在本节中，你可以看到我们如何使用这三个维度。

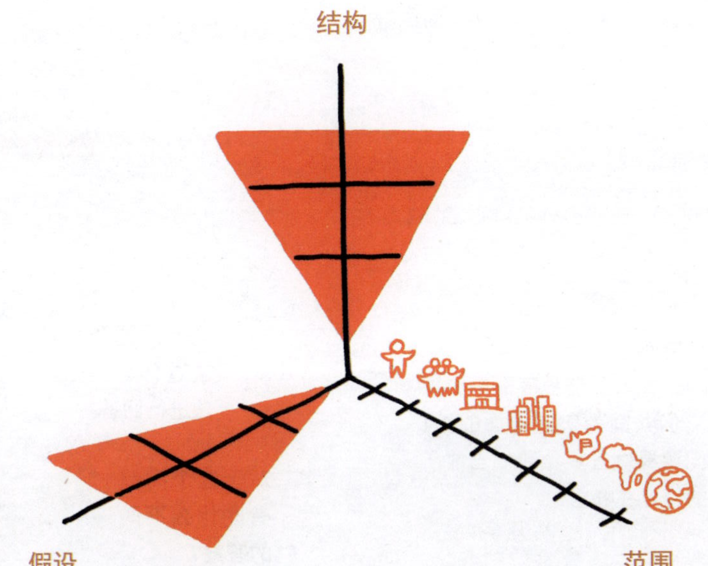

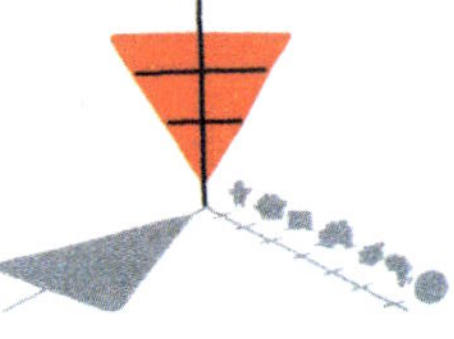

结构

有些问题开启了面向诸多答案的通道。它们以宽泛的角度进行询问。而另外一些问题在结构上则较为封闭或狭窄，例如，可能只允许回答是或否。

在搭建问题的结构时，可以使用问题三角来检查问题的功效。

下面是关于问题会如何从三角的底部到顶部变化的示例：

- 在底部：你对我们的合作是否满意?
- 在中部：我们合作中的哪些时刻令你最为满意?
- 在上部：我们合作中的哪些方面令你最为满意?
- 在顶部：你如何看待我们合作中的跌宕起伏?

问题在三角形中的位置越高，就越会引起反思和对话。三角形顶部的问题不一定比底部的问题更重要或更好。你所提出的问题取决于要提出问题的情况或流程的目的。

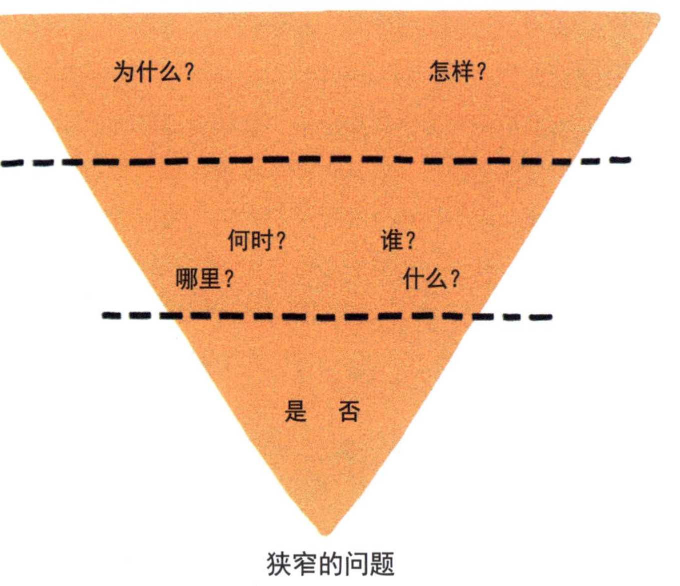

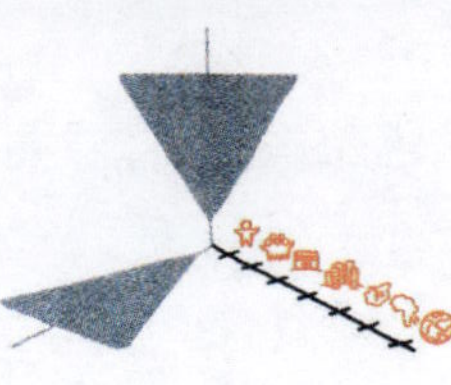

范围

你的问题范围对其回答者而言是很重要的。如果问题过于宽泛，就会消耗被询问者的精力，并产生消极影响。为了鼓励参与，我们需要回答一些相关且切合实际的问题。“我们如何使世界变得更好？”这是一个非常宽泛而且有时显得过于庞大的问题。而“要如何降低我们部门的二氧化碳排放量？”则是更易于管理且易于采取行动的问题。

但有些问题从回答者的视角来看，也可能过于狭窄和局限。例如，“我们如何改善彼此的交流？”该问题只专注于沟通，而“我们如何改善团队合作？”这个问题则略微宽泛。

问题必须针对其目的进行调整，既不能太过宽泛，使回答者无以应对，也不能过于狭窄，使得回答过于显而易见。

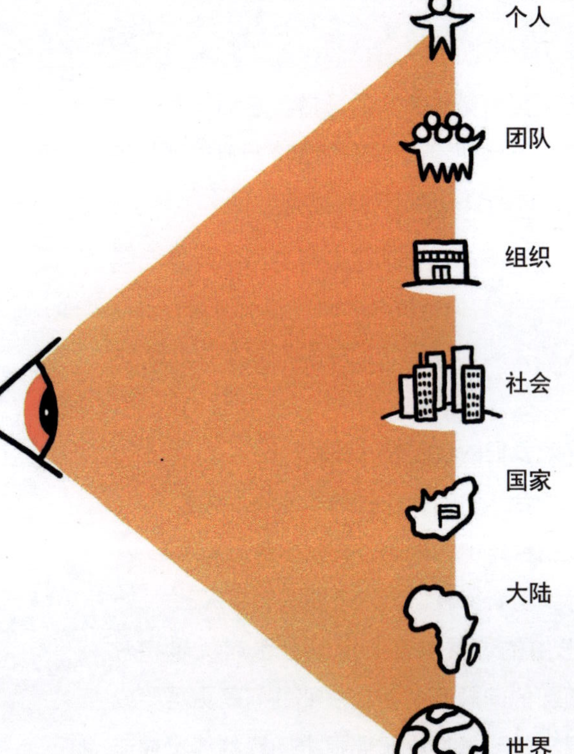

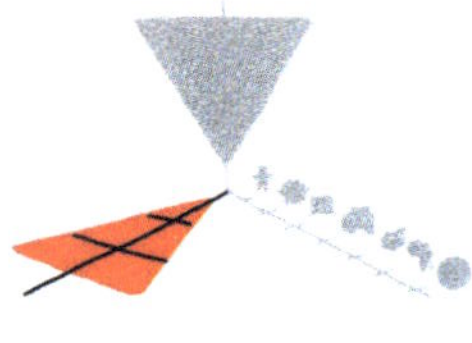

假设

问题经常带有隐含假设。它们通常嵌在语言中，难以避免。重要的是，我们要意识到问题所依据的假设，并有策略地加以运用。

我们如何建立更好的交互合作？

该问题假设回答者同意改进交互合作。为了避免这层隐含的否定含义，可改为如下提问：

当我们在交互合作中处于最佳状态时，我们的工作方法有什么特点？

这里的隐含假设是肯定的：回答者在交互合作中有着良好的体验。这种认可会在回应过程中产生更多的激励。

通过明确询问以下问题，使团队的假设（在陈述中或问题中所显现的）更易于理解：

我们这次谈话基于哪些假设？

如果从其他同事的角度来看，我们将如何处理？

检查潜在假设可以促使新观点的产生。

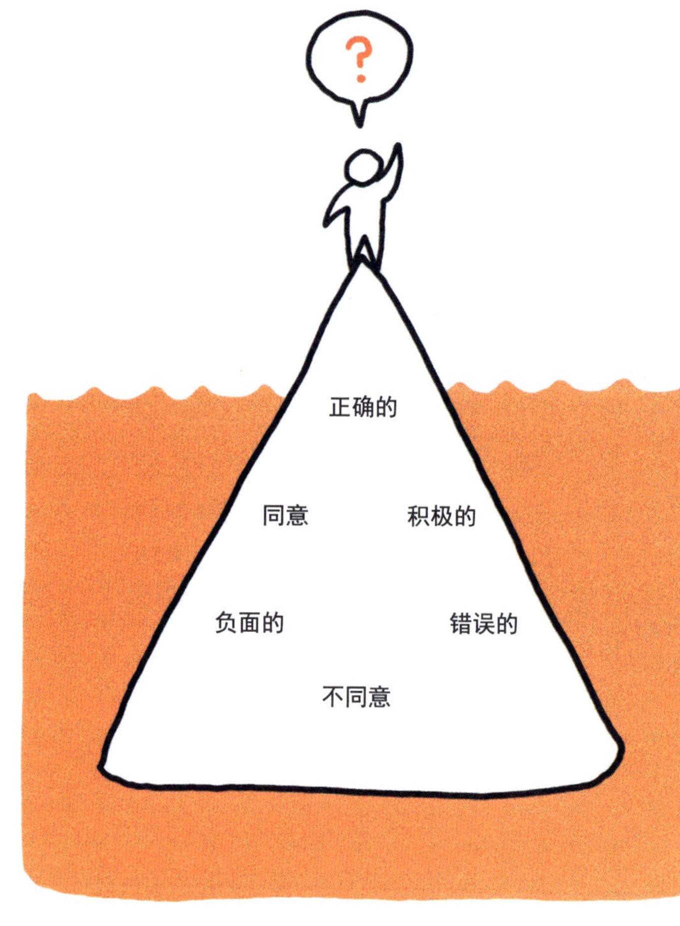

引导型问题

把引导型问题分成3个类别：主题导向型问题、结果导向型问题和流程导向型问题。并积极地使用这3类问题来引导参与者。

3个类别

引导师技能的很大一部分在于提出恰当问题的能力。恰当的问题适时而多样。有效的流程设计和恰当的问题可以促进参与度、建立共识、支持包容性解决方案，并培养大家对于流程目标和结果的共同责任。除了侧重当前主题的问题外，准备促进团队合作并能评估结果的问题也很重要。它们能帮助团队在整个过程中查看结果，并观察和验证合作与共同学习。

我们把引导型问题分成3类。

主题导向型问题：
问题与参与者遇到的内容（流程的主题和目的）直接相关。

结果导向型问题：
问题让参与者检查并考虑他们正在或已经创建的结果。

流程导向型问题
让参与者回顾并思考他们在流程中的合作方式的问题。

主题导向型问题

流程目的和流程设计决定了应提出哪些主题导向型问题。主题是这些问题所围绕的核心。当流程结束时，所有主题导向型问题组合在一起，应当能提供所需的答案，以及流程设计中所构想的结果。

右侧是有关主题导向型问题的示例，其中涉及了2个不同的主题及其相关流程。这些问题是为我们在前一模块末尾提及的2个流程设计而设计的。有些主题导向型问题非常明显，而其他一些则需要多些时间来思考。一旦提出一系列问题后，请分别处理每个问题，并完善其架构。即使问题乍看上去显而易见，也可能在仔细审视后，被证明包含了不符合目的的假设。

同时还要整体看待这一系列问题，并根据问题在流程中如何发挥作用，来对问题进行排序。改变提问方式，让参与者加入进来，并启发他们提出新想法或从新角度审视主题。

示例
你在引导管理团队制定战略。

不同流程中，主题导向型问题的示例

主题/流程	每周例会	战略工作坊
目的	分享知识，并处理本周的重要任务	介绍和调整新战略
目标	了解彼此的工作	高层管理者为新战略负责
结果	任务清单	就4个战略问题的回答
主题导向型问题	• 自上次每周例会后，我们各自独立完成的最重要的任务有哪些? • 自上次每周例会后，我们各自学到的最重要的东西是什么? • 我们每人下周必须要完成或要去做的最重要的事情是什么? • 基于今天所分享的知识，我们能从中学到什么? • 这会引出哪些问题? • 哪个问题是最要紧、要找出答案的? • 下次每周例会前，谁要在什么时候做些什么?	• 我们为何存在? • 我们为何必须改变? • 如果我们什么也不做，会发生什么? • 我们当前所处状况有哪些特点? • 我们是谁? • 我们的劣势是什么? • 我们的优势是什么? • 我们希望在2030年所达到的状况有哪些特点? • 我们成功时，看上去是怎样的? • 我们需要克服哪些挑战才能成功? • 哪些举措可以应对我们的挑战?

同时参见

源自3种常见模板中的主题导向型问题：

SWOT分析

- 我们的优势是什么?
- 我们的劣势是什么?
- 我们能看到哪些机会?
- 我们能看到哪些威胁?

项目规划（行动计划）

- 项目团队中有哪些人?
- 我们需要部署哪些任务?
- 我们要经历哪些阶段?
- 我们的目标是什么?
- 有哪些驱动力可以帮助推进流程?
- 在过程中，会出现哪些挑战?

商业模型生成

- 我们的核心价值是什么?
- 我们的核心活动有哪些?
- 我们的核心资源有哪些?
- 我们的客户关系有哪些?
- 我们有哪些渠道去接触客户?
- 我们的客户有哪些分类?
- 我们有哪些合作伙伴?
- 我们有哪些成本?
- 我们有哪些营业收入?

结果导向型问题

结果导向型问题可以在流程进行中已创建出部分结果时使用，或者在流程接近尾声将形成最终结果时使用。

结果导向型问题最主要的目的，是通过观察团队在整个过程中的表现，来促成全面和积极的参与。这些问题可以鼓励团队交付更多或做得更好。当团队共同审视其创建中或已创建的内容时，会产生共同的责任心，并再次明确对流程目标和结果的责任。结果导向型问题也会促发更具包容性的解决方案。通过从不同角度审视结果，人们会意识到新的关联或挑战。如果时机得当，那么结果导向型问题可以促成有价值的中途纠偏，从而改善流程及其结果。

由于参与者们专门参考了团队刚刚创建的内容，结果导向型问题还有助于使其回答更加具体。

结果导向型问题的示例

- 我们迄今达成的最重要的结论是什么?
- 什么能支持或挑战我们的决定?
- 我们所取得的进展有哪些特点?
- 别人会如何评论我们所取得的进展?
- 谁会从结果中受益?
- 什么时候我们得出的结论不再适用?
- 我们可以从哪里寻求启发以得到更好的结果?
- 其他人可能会问什么问题来挑战我们的决定或产生新的、不同的答案?
- 是什么使迄今为止的结果良好或者有用?
- 在查看结果时，还有其他需要考虑的因素吗?

示例
你在引导管理团队制定战略。

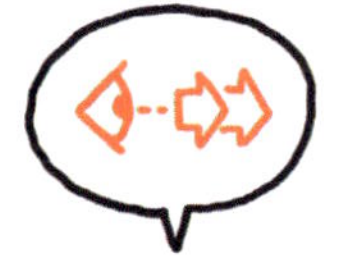

流程导向型问题

提出流程导向型问题是掌握团队进展的好方法。

当我们运用流程导向型问题时，就像举起镜子映射团队参与者，并询问他们所看到的内容。这是个自我观察的工具，可以在产生任何异常时促进自我调节。它们还可以帮助参与者注意到效果良好的地方。如果证明是达成正确方案所需的，那么它们也可以让团队调整计划表。

流程导向型问题对于组织型学习也至关重要。当回答这些问题时，我们会评估彼此间的互相合作方式。所做出的回答会引导我们设计下一个流程。如果你正在引导团队进行长期项目，流程导向型问题可以确保在达成项目目标的同时，又不断学习并创建更好的工作方法。

流程导向型问题的示例

- 到目前为止你注意到什么?
- 为什么该流程对我们很重要?
- 你对该流程有什么感受?
- 我们从这里继续推进的最佳方式是什么?
- 接下去我们有哪些可以改善的?
- 还有谁需要加入该流程?
- 什么时候可以适当休息一下?
- 团队在流程的什么位置活力十足，在什么位置情绪低落?
- 在该流程中，我们可以做哪3件事来挑战自己?

你对我们的工作方法有何感想？
我们互相倾听，并且会花必要的时间。
也许我们在做决策上可以变得更好一些。

示例
你在引导管理团队制定战略。

视觉图像问题

你可以把视觉图像问题分为3类：图像创建问题、图像关系问题和图像应用问题，并使用它们来创建和开发视觉学习平台。

3个类别

以视觉方式开展工作时，你还需要额外的一组问题：视觉图像问题。这些问题能够帮助参与者“看到他们各自的想法”。同时这些问题也有助于巩固视觉维度，并帮助你和参与者去创建、发展和运用视觉学习平台。

以视觉方式开展工作时，视觉图像问题尤为重要。与其他问题类似，视觉图像问题的使用也需要审时度势。视觉问题可以与常规引导问题相互关联，并为其带来新的活力。视觉问题本身也可以让团队看到新的联系并发现新的机会。但是，如果时机不当，或错误使用，那么视觉图像问题也可能使流程短路。它会把团队束缚在特定的思维方式或特定的视觉语言中，或在不恰当的时候过于具体。

我们所使用的3类视觉图像问题（图像创建问题、图像关系问题和图像应用问题），总体而言，所有视觉图像问题都会帮助你和参与者建立自己的视觉语言，以匹配所需处理的事物。视觉图像问题还可以确保你在此过程中对视觉图像进行验证。

图像创建问题
通过要求想象或提供实际的视觉图像来激发参与者想象力的问题。

图像关系问题
让参与者回顾并思考一个视觉图像的问题。

图像应用问题
让参与者反思视觉工作方式的问题。

图像创建问题

当引导师询问参与者："我们当前所处的状况有哪些特点？"然后进一步问："……那看上去是怎样的？我们可以怎样把它画出来呢？"团队就这样创建了图像。

"那看上去是怎样的？"是视觉引导师最为重要的图像创建问题。该问题会激发参与者的想象力，并且帮助他们在回答时变得更为具体。因此，"那看上去是怎样的？"是可以不同形式提出的恰当问题。请参阅右侧的示例，创造更多你自己的示例。

图像创建问题通常是让参与者感受到共创性和所有权的问题。也许并不是每个参与者在此过程中都会手握画笔，但他们都参与了视觉语言的设计、制定和创建，这些视觉语言在流程的最后形成了全景图。他们知道每种视觉图像背后的逻辑。即使那不是他们自己发明的，但也听到了创建者的解释，并同意将其作为开发过程的一部分。这样就形成了对该流程最终产品的共享所有权。

我们当前所处的状况有哪些特点？那看上去是怎样的？
员工团队从10人增长到了25人。
1. 达成目标
2. 更多成员
3. 新任务

示例
你在引导管理团队制定战略。

图像创建问题也使你有机会在空间中描绘出主题。关系术语可帮助我们描述地点、事物、人物和时间点之间的关系。当想要绘制和管理组织和项目中通常固有的复杂性时，提出能够促成关系描述的图像创建问题非常重要。右侧是一些在图像创建过程中，能够促成关系描述的问题示例。

你还可以通过关注视觉语言中的以下这些元素，来确保以不同的方式提出“那看上去是怎样的”这个问题：

- 事物：主题的道具
- 人物：涉及的人员及其特征、感觉、关系、角色、责任和任务
- 时间和地点：事情在哪里、在何时发生
- 流程：如何发生

示例

变化：那看上去是怎样的？

- 要如何把它画出来？
- 怎样能将其视觉化？
- 如果我们必须把你所说的画出来，那会是什么？
- 那会产生什么图像？
- 那会创建什么关联？
- 如果我们为其拍照，那么照片里会有什么？

事物

- 我们可以把哪些相关工具视觉化？它们看上去是怎样的？
- 对于你所描述的，什么样的道具会是个不错的隐喻？
- 我们应当包含哪些实际的工具或事物来产生识别？

人物

- 谁参与其中，他们看上去是怎样的（例如团队、管理者、用户等）？
- 我们要如何视觉化地展现他们的不同角色？

变化：促进视觉语言的问题

- 你如何描述发生了什么情况或事件？
- 用什么隐喻来描述它呢？
- 怎样叙述能很好地说明你所描述的内容？

时间/地点

- 在哪里发生，那看上去是怎样的？
- 在何时发生，那看上去是怎样的？
- 现在的场景有什么特征，那看上去是怎样的？

变化：促进关系描述的问题

- 你所描述的元素彼此之间的关系或位置如何？（例如数量、距离、尺寸、等级、顺序、优先级）
- 如何把你所描述的以视觉方式进行布局？
- 你所描述的形式、颜色、结构是什么？

流程

- 流程开始前、过程中和结束后看上去是怎样的？
- 流程步骤3~步骤5看上去是怎样的？
- 我们成功时，看上去是怎样的？
- 你在组织/团队/部门中所做的工作的本质是什么，那看上去是怎样的？

图像关系问题

图像关系问题仅在你自己或团队创建视觉资料后才有意义。它们可以帮助你调整和开发所创建的视觉资料。在回答这些问题时，你通常会发现自己和参与者在不断地移动。视觉图像成为对话的重点，而且你正在积极地使用自己所创建的内容。你的对话、演示和讨论实际上是写在墙上的。你可以通过引用并指向已创建的内容来使大家聚焦于需要讨论的话题。

实物对象和图像关系问题使参与者可以更轻松地在不同层次的观察之间移动，并有助于使参与者以视觉化方式表明立场。参与者因此成为墙壁上那些“作品”的共同创造者和共同所有者。他们在视觉资料的开发中参与得越多，之后越会对其拥护并使用。

有时图像关系问题显得用处有限。但是当一幅图像不协调，或者员工团队无法提出组织结构性变化的视觉图像时，此类问题则会产生严重后果。

图像关系问题的示例

- 你如何看待我们绘制的内容?
- 该图像显示了什么?
- 该图像没有显示什么?
- 该图像提供了哪些见解?
- 该图像引发了什么问题?
- 该图像有哪些可以改进的地方?
- 该图像还能怎样来诠释?
- 该图像好在哪里或不好在哪里?
- 该图像有哪些清晰或不清晰的地方?
- 哪些需要增加或减少?
- 可以省略或添加哪些内容?
- 如果不包含××，那么会发生什么?
- 如果让其他人来看，他们会怎么说?
- 该图像中最重要的是什么?
- 哪些元素属于同一类?
- 哪些元素不属于该图像?
- 我们能看到哪些模式或主题?
- 该图像中有哪些关系很明显?
- 该图像中有哪些隐藏的基本假设?
- 我们该如何使用色彩来突显你所提到的关系?

示例

你在引导管理团队制定战略。

图像应用问题

第3类问题是关于让参与者就视觉工作进行反思的问题。它有助于确保刚刚所创建的内容是相关的，并正确使用。

图像应用问题也可以用来让事情发生一些变化。当你问“什么样的图画能使组织里的每个人都津津乐道”时，这是在让参与者在语言表达之前，先思考图像。此练习可以开启新的视角和理解。

与流程导向型问题类似，图像应用问题也是一种以视觉化工作方式来衡量感知价值的工具。 其回答可以告诉你如何在引导下一个流程和项目时使用视觉方法。图像应用问题为参与者提供了评估视觉工作方法中优缺点的机会。它可以确保在你今后的工作中，在给项目和流程增加价值的情况下以视觉方式工作，反之则尝试其他方法。

图像应用问题的示例

- 绘制出我们所谈论的内容带来了什么结果?
- 怎样才能以团队形式绘图?
- 该图画在我们关于××的对话中，产生了哪些影响?
- 图像什么时候有效，什么时候无效?
- 该图像如何促进或压制整个过程?
- 挥舞画笔有着什么魔力?
- 绘图的感觉如何?
- 你们或我们的绘图风格有何特征?
- 我们所画的图像有什么特征?
- 使用图像作为对话的基础是什么感觉?
- 看到别人的绘图是什么感觉?
- 绘制××时，哪些是困难或容易的?
- 怎样才能让我们想要更多地绘图?
- 可以使用哪些图像来促成我们组织中的重要对话?
- 你想如何使用我们所创建的图像?

示例

你在引导管理团队制定战略。

问题测试

测试你所提出的问题。如果你可以回答以下一半的标准问题，则表明你提出的问题有效。请记住，始终应该以流程目的为指导。

问题是否……

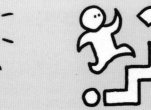

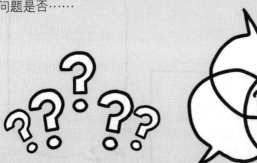

1. 有相关性

该问题是否与所涉及人员相关？与他们的生活和工作相关吗？与所约定的目的相关吗？

2. 是尚未回答的

该问题是否是真正的问题且答案未知，并值得其他人也去解决？

3. 有创新性

该问题能激发新的想法和创造力吗？该问题是否既可识别又与回答者相关，且足以产生新的答案？

4. 恰如其分

该问题是否会产生希望和参与感？它是正向的和具有前瞻性的，还是聚焦在过去的问题和障碍上？

5. 有启发性

该问题是否会引发新的或不同的问题，从而产生新的观点?

6. 容易记住

该问题是否令人印象深刻?是否能吸引人们去寻找更好的答案?

7. 视觉化

该问题能否激发回答者的想象力? 它是具体的吗，还是隐喻的，还是有助于支持创建视觉语言，以促进理解和共鸣的?

8. 时机恰当

就其问题在流程中的功能来看，是否有着恰当的顺序?

工具

问题设计器

恰当的问题可以长期保存。使用此工具设计可在下一个流程中使用的问题。

如何做？

如下页所示，使用问题设计器。完成这个步骤后，选择你将在下一个流程中使用的问题。

便利贴

使用便利贴，以便你可以将其来回移动，并尝试不同的问题。

你能怎样把它绘制出来？

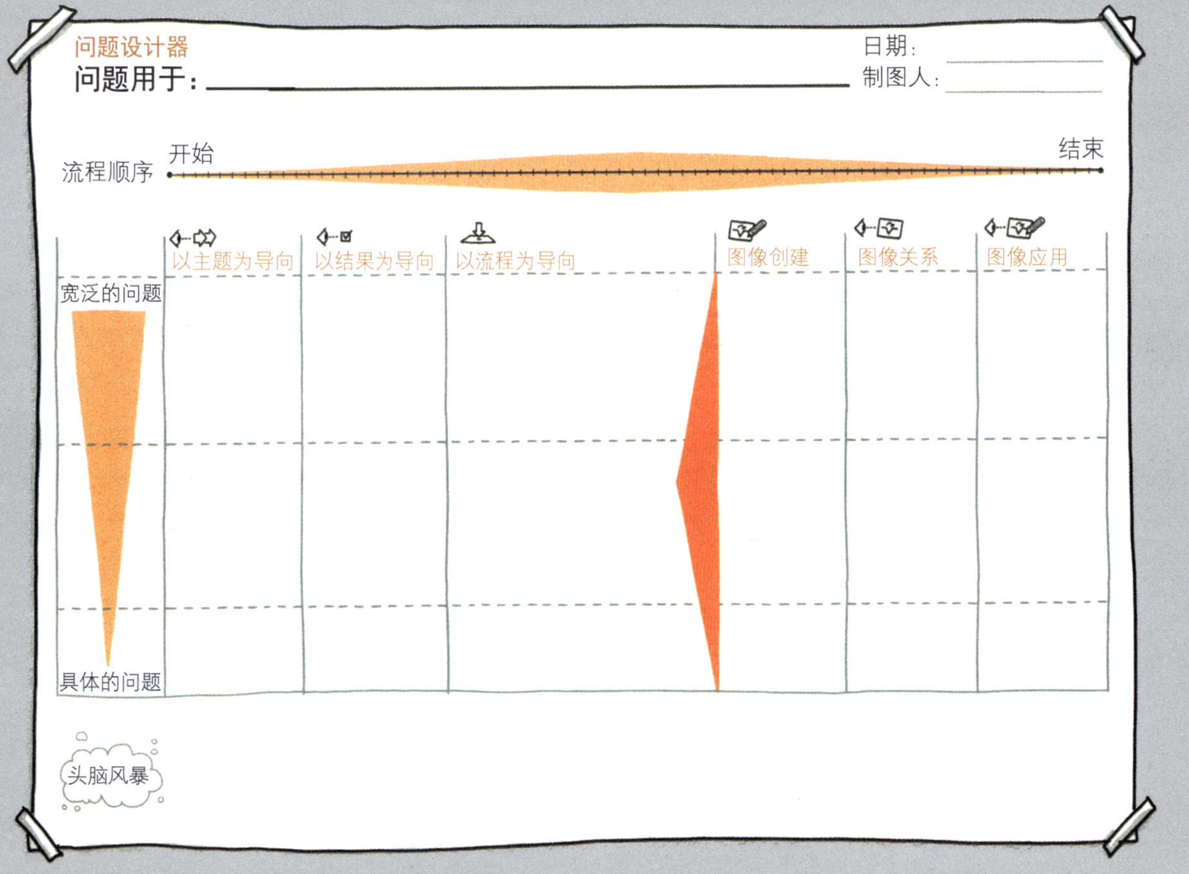

问题设计器
问题用于：
日期：
制图人：
流程顺序
开始
结束
以主题为导向
以结果为导向
以流程为导向
图像创建
图像关系
图像应用
宽泛的问题
具体的问题
头脑风暴

工具 使用

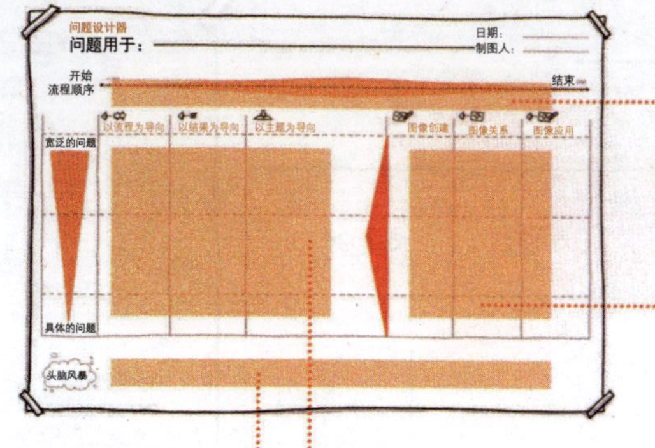

头脑风暴

列出可能与流程设计有关的问题。

使用便利贴集思广益，并讨论与流程设计有关的所有问题。每张便利贴只写一个问题。

回顾流程设计，并考虑在流程的每个部分中可以提哪些问题。将问题随意放在该区域中。提出尽可能多的问题，最好包括一些听上去不着边际的奇怪问题，以待筛选。

引导型问题

把你的问题放到引导型问题的3个类别中。

把便利贴从头脑风暴区域中取出，放到与其最为匹配的类别中。

- 以主题为导向：与参与者会议的内容直接相关的问题。
- 以结果为导向：使参与者思考他们正在创建或已经创建的结果的问题。
- 以流程为导向：使参与者思考他们收集和交换想法方式的问题。

移动便利贴，以使其反映问题的结构。“为什么”的问题在顶部，“是/否”的问题在底部。选取最好的和最重要的。重新构思问题，使其在三角中的位置产生变化，或者使其产生全新的问题。让那些未被选中的问题留在头脑风暴区域中。确保每个类别中至少有3个恰当的问题。

视觉图像问题

列出能够帮助创建视觉资料的问题。

- 图像创建：激发参与者想象力的问题。
- 图像关系：让参与者回顾和考虑视觉图像的问题。
- 图像应用：让参与者思考以视觉方式进行工作时，会发生什么。

使用小符号显示将在哪里处理图像创建问题。示例：问题“那看上去是怎样的？”用星形符号标识，即在引导型问题“那看上去是怎样的？”上画个星星。

时间顺序

沿着流程菱形的3个区域，按类型排列问题。

- 开放和探索型的问题属于发散区
- 激发信心和推进流程型的问题放在震荡区
- 关闭和总结型问题属于收敛区

测试

复查每个问题，并考虑以下因素对其进行测试：

- 这里隐藏了什么假设?
- 该问题是否符合流程的目的?
- 是否可以通过其他更有效的方式提出问题?
- 问题是否有合适的深度?
- 查看第134、135页问题测试中8种问题，并在必要时进行修改。

问题设计器

问题用于：战略工作坊

流程顺序

开始 → 演示文稿提供了哪些见解？ → 我们当前所处的位置在哪里？ → 我们在自己的领域看到了什么趋势？ → 我们希望在2030年成为什么样子？ → 我们面临哪些挑战？

	以主题为导向		以结果为导向	以流程为导向
宽泛的问题	为什么我们需要改变？	趋势将如何影响我们？	其他人会如何看待该结果？	我们如何改进该流程？
	谁是我们的主要利益相关者？	我们的客户会怎么说？	谁会从该结果中获益？ 什么能支持或挑战该结果？	该工作坊最好的部分是什么？
具体的问题	我们能付出其所需要的代价吗？	有哪些风险？	我们的结果对其他人有意义吗？	我们走在正确的轨道上吗？
头脑风暴	我们该如何为此做准备？	这项工作的更大目的是什么？	谁负责什么？	这将需要什么？

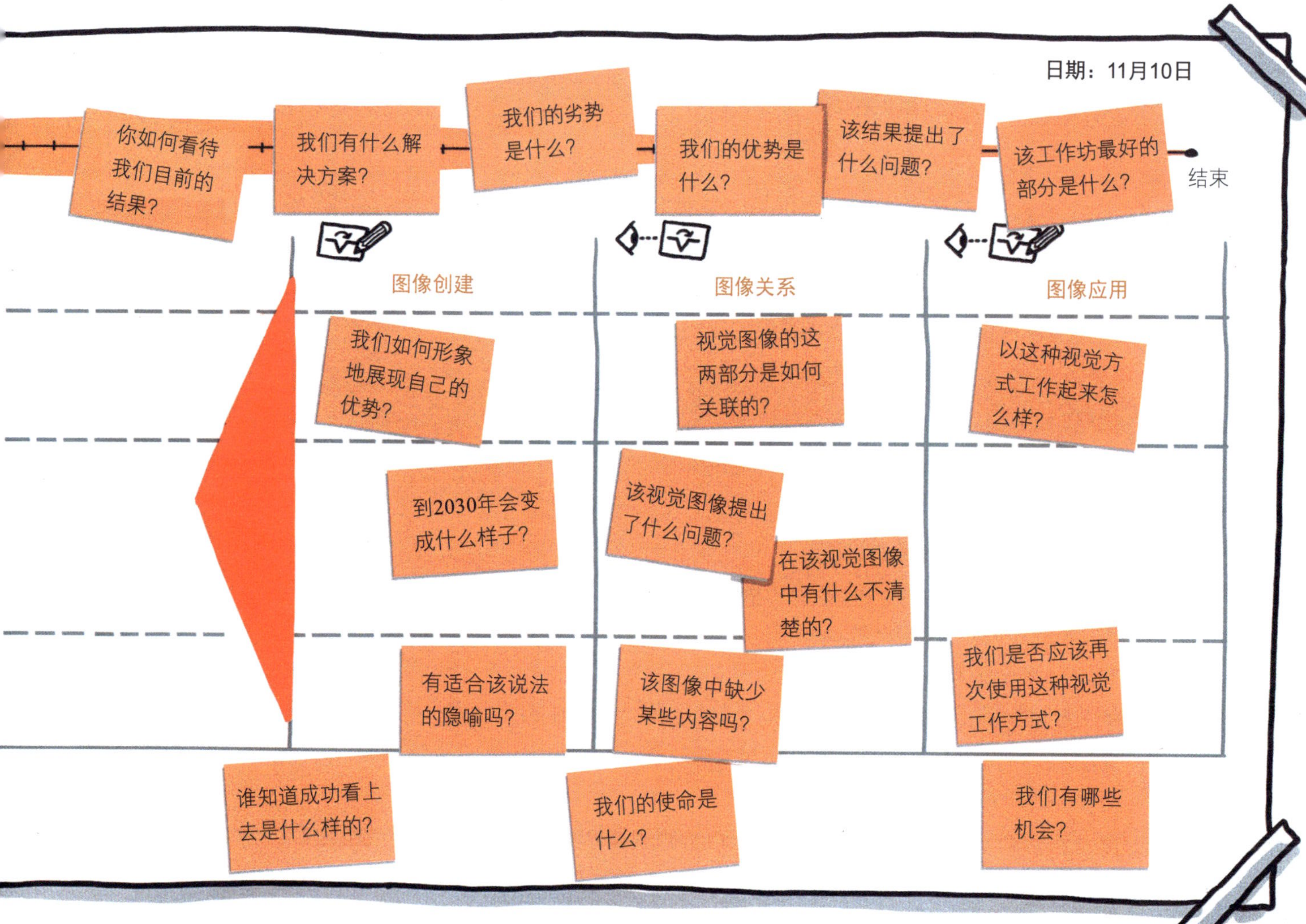
日期：11月10日
你如何看待我们目前的结果？
我们有什么解决方案？
我们的劣势是什么？
我们的优势是什么？
该结果提出了什么问题？
该工作坊最好的部分是什么？
结束
图像创建
图像关系
图像应用
我们如何形象地展现自己的优势？
视觉图像的这两部分是如何关联的？
以这种视觉方式工作起来怎么样？
到2030年会变成什么样子？
该视觉图像提出了什么问题？
在该视觉图像中有什么不清楚的？
有适合该说法的隐喻吗？
该图像中缺少某些内容吗？
我们是否应该再次使用这种视觉工作方式？
谁知道成功看上去是什么样的？
我们的使命是什么？
我们有哪些机会？

总结

恰当的问题可以促进对话。恰当的问题可以作为共同检验、探索和发现的序曲。

引导师的专业技能很大一部分取决于提出恰当问题的能力。

恰当的流程问题可以支持流程的目的，推进流程达成目标，并确保产生可再次使用的具体结果。

我们把问题分为两类：引导型问题和视觉图像问题。

引导型问题：

- 以主题为导向
- 以结果为导向
- 以流程为导向

视觉图像问题：

- 图像创建
- 图像关系
- 图像应用

问题设计器

使用问题设计器概览所有问题。

询问哪些问题对组织中的每个人都有价值?

制定决策的指南针

哥本哈根地铁和哥本哈根大区轻轨公司在短短几年内经历了一场重大转型，从最初由50名丹麦员工组成的组织，转变为由300名不同国籍的员工组成的组织。他们还从项目型组织转变为矩阵型组织。换句话说，其内部的复杂性显著增加，因此对其角色和职责达成共识变得势在必行。该公司的上市对其发展和决策方式具有重要意义。

管理团队需要让员工清楚地了解如何制定决策，以及应在何处做出哪种类型的决策。

因此，管理团队希望拥有可以促成各个部门对话的工具，以解决以下问题：

- 我们是谁（我们是哪种类型的公司）？
- 什么是矩阵型组织？
- 我们该如何做出好的决策？
- 哪些论坛在何时举行会议，哪些决策属于哪个论坛？

同时，该工具需要帮助组织各层级的员工进行日常决策。

多年以来，管理团队的几位成员一直使用一种模型来指导员工做出良好的决策。在放大的视觉版本中，通过使用8个问题，该模型成为对话工具的中心，由此可以指导决策流程。

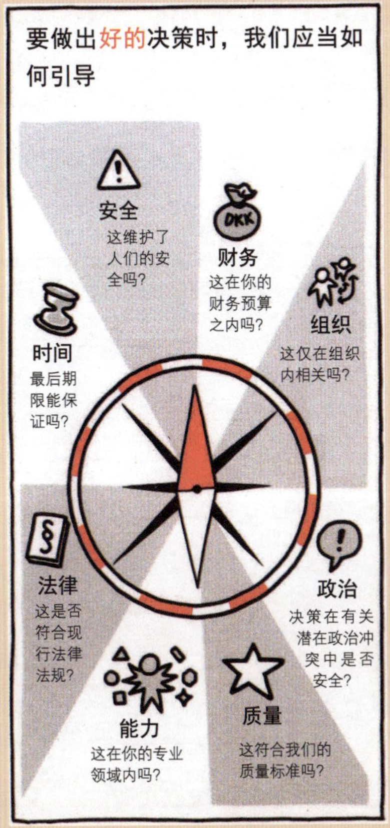

要做出好的决策时，我们应当如何引导

安全
这维护了人们的安全吗？
财务
这在你的财务预算之内吗？
组织
这仅在组织内相关吗？
时间
最后期限能保证吗？
法律
这是否符合现行法律法规？
政治
决策在有关潜在政治冲突中是否安全？
能力
这在你的专业领域内吗？
质量
这符合我们的质量标准吗？

决策指南针

在设计流程中，该模型扩展了其他问题，并使其变得视觉化。如果某些员工对8个问题中的一个或多个回答是否定的，则该决策将不再是他或她自己应该做出的。

"在管理团队内，我们一直在讨论的是，作为一家上市公司决策意味着什么？——归根结底，像我们这样的公司，到头来股东才是最终的决策者。"

——路易斯·霍斯特（Loise Host）

哥本哈根地铁和哥本哈根大区轻轨公司，规划与劳资关系执行总监

"决策指南针实际上仅包含8个简单的是非问题。但所有这8项在我们这样的组织中都具有高度的相关性。"

——瑞贝卡·内马克(Rebekka Nymark)

哥本哈根地铁和哥本哈根大区轻轨公司，执行总监

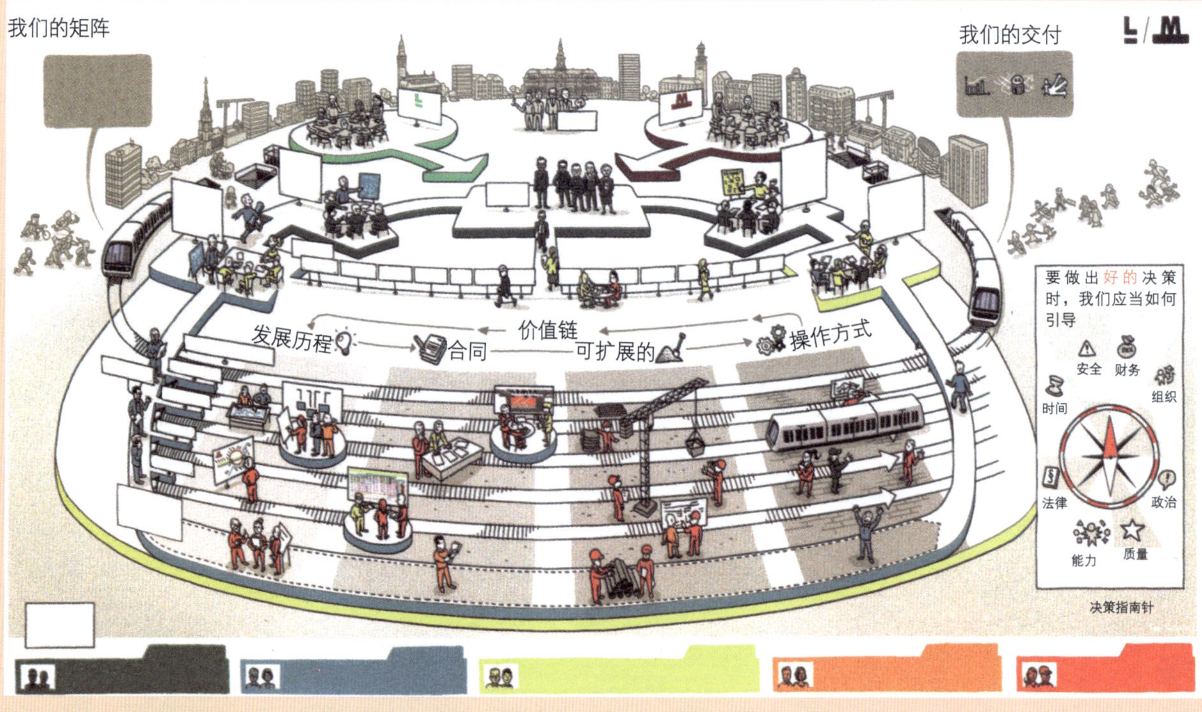

对话工具：对话工具的结构应围绕公司自身的组织结构图，并参考其循环价值链构建。随后管理者、团队负责人和部门经理对该工具进行介绍和调整，以确保他们拥有该工具，并能够促成他们之间有价值的对话。

4.
创建吸引人的模板

创建吸引人的模板

目的：给出如何设计模板的诀窍

模块4

目标：为下次会议、项目或流程准备一套能创造价值的模板

模板设计的5个步骤
（见第162页）

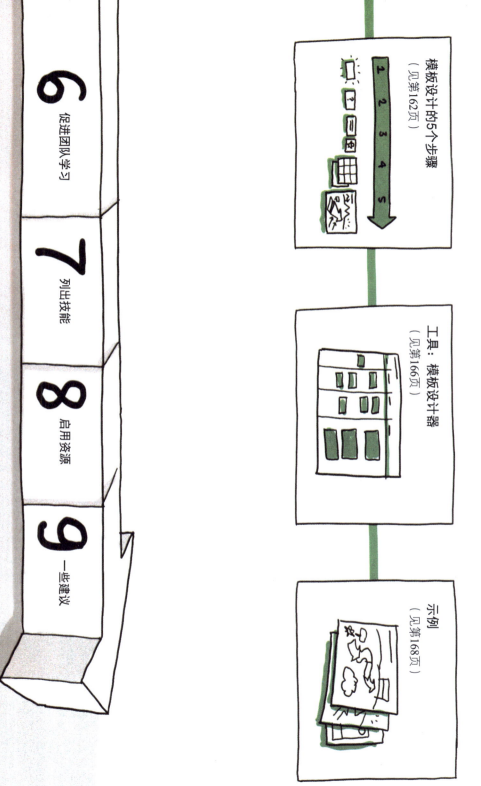

工具：模板设计器
（见第166页）

示例
（见第168页）

6 促进团队学习

7 列出技能

8 启用资源

9 一些建议

创建清晰度

为什么要有模板？模板以视觉方式组织信息。模板可以为流程提供框架，并可以使流程的各个阶段或整个流程更加清晰。优秀的模板可以处理复杂性，让对话聚焦，并促进集体学习。

必须对模板进行调整以灵活运用。它们必须基于流程的目的，并运用（某些）预先设计的流程问题。

建立学习平台

当你以视觉方式工作时，可以利用房间的墙壁绘制信息图并构建对话。我们称此为视觉学习平台。你会发现用模板构建视觉学习平台的益处。学习平台需要通过共享的知识来支持参与者以结构化、整体和系统的方式工作。每个模板都可用于构建流程设计中的某个元素。每个模板都有自己的目的，而所有模板放在一起又可为给定流程提供总体目的和目标。从简单的开始，创建一个简单的模板，以支持流程设计的某个部分。

示例：这里有6个模板，每个模板构成了工作坊中的一个流程步骤。

工作坊议程

用模板向参与者展示工作坊的目的和目标，以及当天的计划。

思维导图

在模板上提出某个重要问题，留出空白区域用于列出和绘制参与者的响应。

时间轴

带有时间轴的模板可用于查看某段时间内的重要事件和趋势。

流程图

模板上有为放置便利贴留出的空白区域，使参与者可以画出最佳流程可能的样子。

团队对话

团队通过回答模板中的问题来参与某个主题。模板留有空白区域，书写和绘制团队的响应。

反思卡

卡片上包含问题和书写回答的区域。

模板的注意事项

在开发模板时，必须决定是将其用于支持对话，还是展示信息，或者二者兼有。

对话还是展示？在选择创建对话工具还是展示工具时，需要考虑以下几个方面：该工具的目的是什么？将在什么情形下使用？其主题是什么？谁会使用它？即使目前你仅需开发用于流程的一小部分工具，与总体流程设计相关的注意事项也很重要。以下是一些指南，可以帮助你进行选择：

创建对话工具的场景：

- 当参与者的知识需要发挥作用时。
- 有必要加以组织和聚焦对话。
- 参与者需要感到自己被看到和被听到。

创建组合工具的场景：

- 既需要与团队交流重要信息，又需要……
- 有时间或空间进行有组织的对话，使得参与者的知识可以发挥作用。
- 让参与者感受到需要他们的输入，这一点很重要。

创建展示工具的场景：

- 模板的目的是将大量新信息传递给团队。
- 必须陈述事实。
- 几乎没有时间或空间来进行对话。

无论打算创建什么工具，都最好从上一个构建模块中提出的问题开始。此模板中将包含哪些问题？是否有任何问题需要事先回答？所有问题都需要参与者的意见吗？任何展示工具的背后都有一个对话工具：许多问题已经回答。完成后，任何对话工具都可以因此成为展示工具。一旦回答了一系列问题并将其视觉化，该工具即可用于展示。

右页的视觉图像显示了对话工具和展示工具之间的区别。在中间的视觉图像中，你会看到二者的组合。

让我们就自己所处的位置、前进的方向，以及我们认为的挑战和解决方案进行对话。
我们现在所处的位置是A。我们需要到达B。有哪些挑战？我们该如何解决它们?
我们要从A到达B！我们面临一个挑战！我们要这样解决它！
我认为……
一种解决方案可以是……
啊哈！
A
B
A
B
A
B

视觉对话工具

视觉对话工具是一套包含文字、图表和插图的模板，该模板围绕一组问题构成了团队对话。 对话可由引导师引导，也可以把对话工具设计为支持团队的自我引导。

视觉展示和对话工具

展示和对话的组合工具是既可以交流信息又可以提出问题的模板。模板的部分内容是事先输入的，部分内容是在过程中填写的。

视觉展示工具

视觉展示工具是一套包含文字、图表和插图的模板，用于沟通信息。该团队的任务主要是倾听和理解。模板通常是预先设计的，并且在过程中不会改变。模板通常由其内容展现者来展示。

模板的注意事项

这里你可以看到把组织战略从视觉对话工具变为视觉展示工具所发生的变化。

视觉对话工具

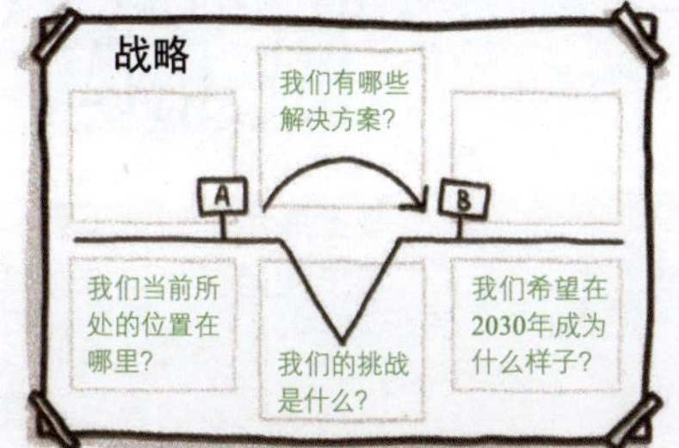

这是用于构建战略对话的模板。所有4个问题都将由参与者回答。

视觉展示和对话工具

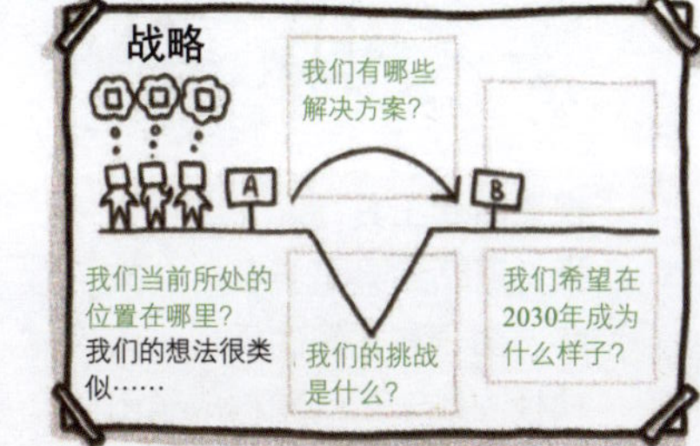

在此向参与者展示“我们当前所处的位置在哪里？”参与者必须找到该战略其余3个部分的答案。

!
A
B
?
?

!
A
B

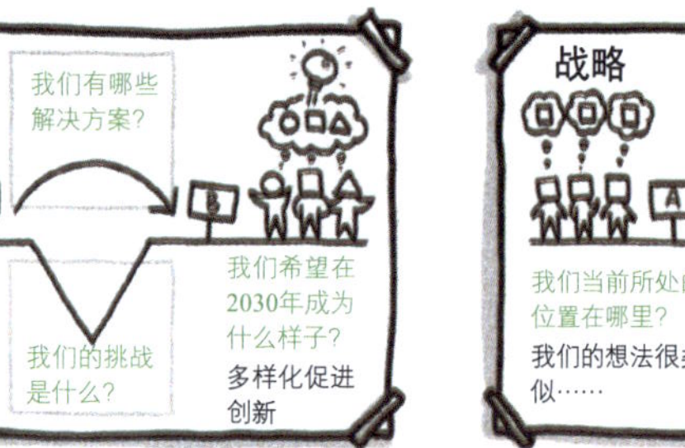
战略
我们有哪些解决方案?
我们当前所处的位置在哪里?
我们的想法很类似……
我们的挑战是什么?
我们希望在2030年成为什么样子?
多样化促进创新

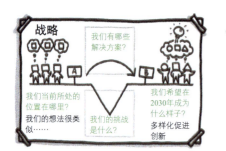

模板展示了“我们当前所处的位置在哪里？”和“我们希望在2030年成为什么样子？”参与者必须找出关于“我们的挑战是什么？”以及“我们有哪些解决方案？”的答案。

战略
我们有哪些解决方案?
我们当前所处的位置在哪里?
我们的想法很类似……
我们的挑战
我们没有创新
我们希望在2030年成为什么样子?
多样化促进创新

这里向参与者展示了3个主要信息，这些信息将促使他们回答模板的唯一问题——“我们有哪些解决方案？”

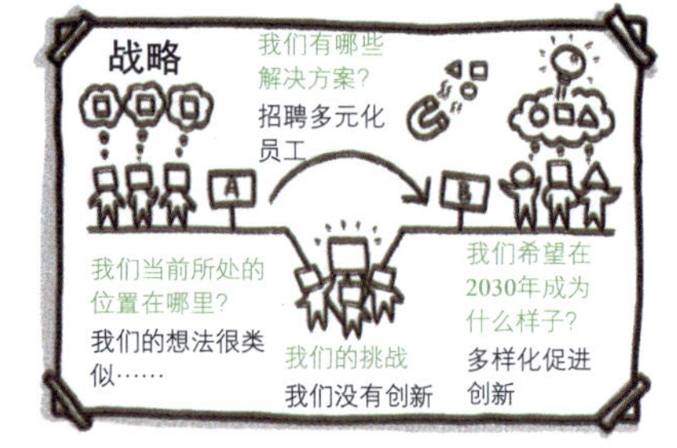
战略
我们有哪些解决方案?
招聘多元化员工
我们当前所处的位置在哪里?
我们的想法很类似……
我们的挑战
我们没有创新
我们希望在2030年成为什么样子?
多样化促进创新

该模板用于展示战略并回答所有问题，包括“我们当前所处的位置在哪里？”“我们希望在2030年成为什么样子？”“我们的挑战是什么？”“我们有哪些解决方案？”

模板的注意事项

结构

结构是将所有模板元素整体整合在一起的底层框架。视觉结构是指你用来在展示中创造优秀流程和平衡的视觉元素，这有点像在设计PowerPoint幻灯片展示和创建方框、直线和对话框。模板中的视觉结构可帮助流程参与者看出关联并了解整体。优秀的结构可以使内容易于呈现、易于理解且易于使用。

初始设计模板应保持结构简单。按时间顺序的布局会便于使用。

时间序式结构

学习平台的设计应尽可能简单。将内容放到活动挂图上，并依次使用。或者，如果有足够的墙面空间，请在大幅横向格式的纸张上绘制模板，并将其挂在墙上。

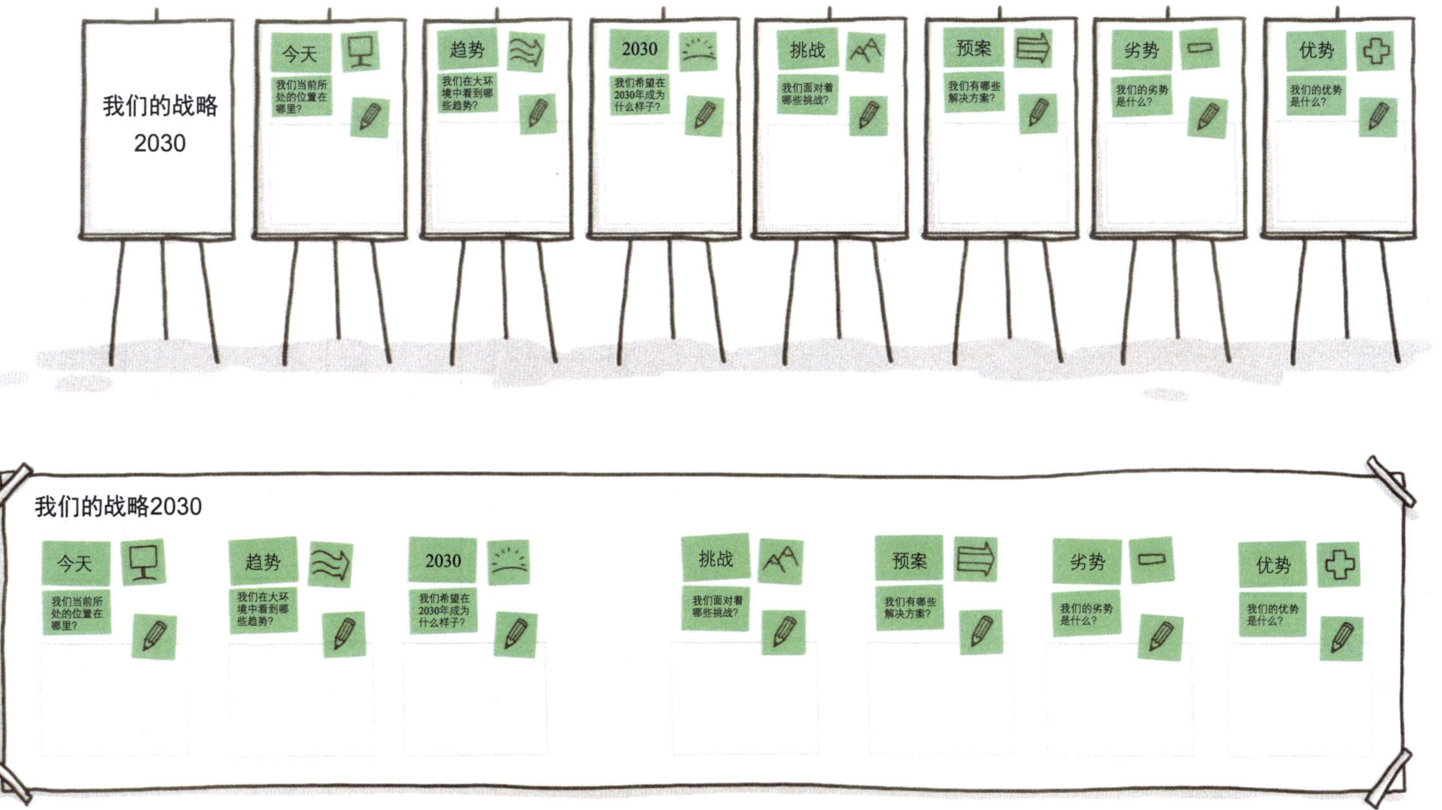

示意图式结构

示意图式结构是一些基本形状的组合：线条、方块、圆形、三角和箭头。组合具有无限的可能性。让内容来决定哪种形状、数量和尺寸最适合你的模板。

如何创建？

最基本的形状可以容纳大量信息和复杂性：整个组织的结构包含角色和职责，从生产到交付的价值链或公司年度报告中的相关饼图。参考以下图形，结合并支持你的叙述或对话：

- 相交的圆形表示知识领域、组织单元或团队之间的重叠
- 相交的三角或方形表示整体的各部分
- 表格表示不同单元之间的比较
- 方形、圆形及四方体表示基础、立柱或建筑
- 或者能表示想法的其他各种几何体

优势

基本形状以呈现事实的方式进行交流，不会像隐喻那样容易被误解或过度解释。示意图式图表在许多不同的场景中使用，因此我们应习惯于理解它们。

劣势

我们对一些图形的使用是如此的司空见惯，以至于对其视而不见了。我们不再“阅读”它们，因为我们觉得对其内容已了如指掌。

隐喻式结构

隐喻是一种语言图像。视觉隐喻是语言图像的图画，可以用作模板的连贯结构。

让内容来决定其语言图像。隐喻必须视觉化地呈现内容。

如何创建

通过让自己受到适合主题的视觉隐喻的启发，使你的解说充满生气。想想旅行、大自然、交通、运动或休闲。

- 用树图来展开有关项目的树根、树干、树叶和果实的对话
- 冰山可以引发关于可见与不可见的谈话
- 杂耍者可以让人想到工作任务的优先排序
- 登山可以诱发关于合作或表现的对话

优势

隐喻可以产生新的见解和想法，可以拓宽主题的视野并揭示新的角度，也可以使抽象主题具体化，因此易于识别和回忆。

劣势

有些隐喻因过度使用而被视作陈词滥调。其他一些可能在说出来时有效，但在视觉描绘中显得幼稚或欠妥。隐喻也会分散注意力，例如，由于展示了登山的隐喻，而让组织的全体职员都专注于谈论登山艺术的细节，而不是他们的战略实际内容。

模板的注意事项

尺寸、样式及功能

你的模板该有什么样式，它是否需要特别的功能？这看起来无关紧要，但模板的形状和尺寸对于工具的实际使用来说会是极为重要的。形状和尺寸有助于决定你的参与者将如何加入进来，以及参与到何种程度。

对于样式的选择应当基于实际的限制以及获得对模板目的和期望结果的最佳支持。模板应怎样展示给参与者？他们将如何使用它？同时还要考虑模板的功能，例如，它是否要能被装入会议资料包，或者能否在流程中被一分为二。

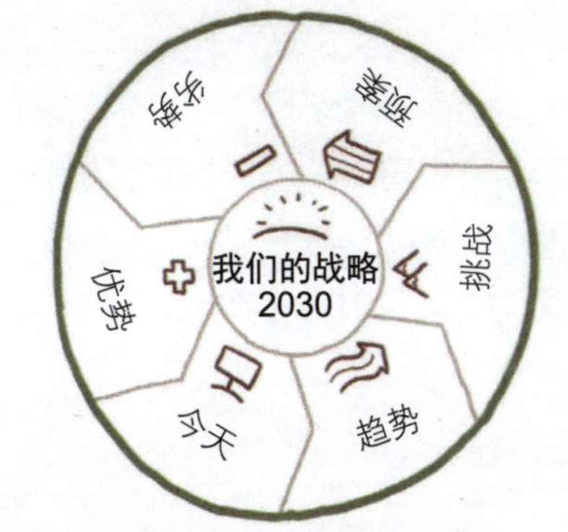

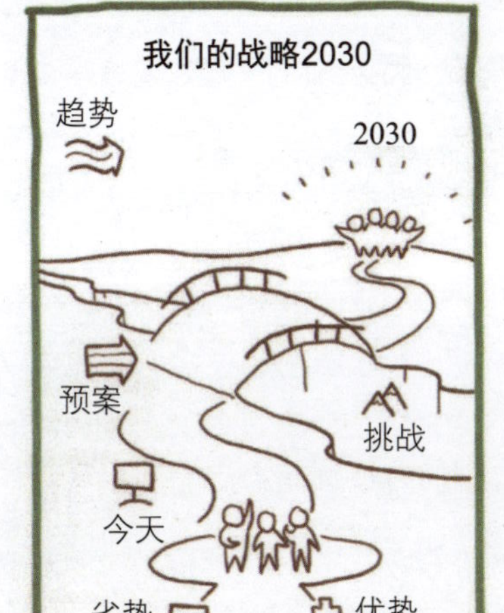

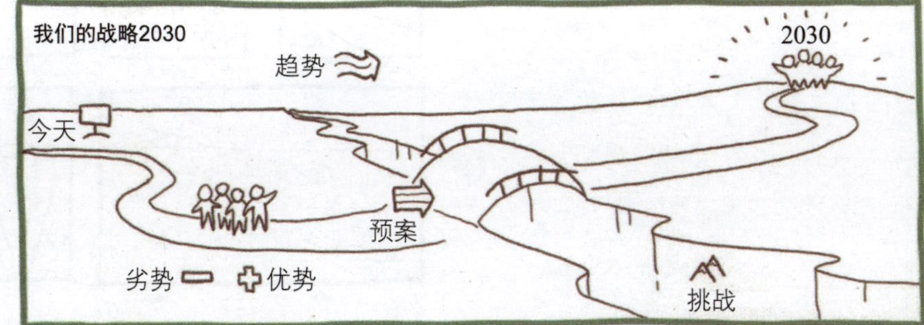

尺寸和形状

模板的尺寸和形状应取决于流程、目的和期望的结果。但框架本身也会对模板设计产生影响。一般而言，小型模板最适合3~5人的小组，大型模板最适合需要全景查看和工作的大型团队。尽量简单些，使用标准格式，或在组织中已经使用过的其他格式。如果有足够的预算，那请使用出其不意的形状，将团队模板调整为适合会议桌的形状（或近似的尺寸和形状）以激发创造力，并为创新解决方案奠定基础。

功能

考虑哪种功能最适合模板的流程、目的和目标。参与者是否需要拥有模板的个人副本，并在团队工作之前进行思考？他们是否需要将回答从一个阶段带入另一个阶段？还是需要将回答发送给世界另一端的同事？不要让你自己受到时间和空间的限制。尝试使用模板的功能，并考虑是否需要折叠、共享、剪切或连接各个元素。

模板设计的5个步骤

创建优秀模板需要时间，而另一方面，它们通常可以重复使用，做些小的调整即可适应新的项目和主题。该模块的5个步骤可以帮助你构建模板。

如果你已经构建了视觉语言、流程设计和关于模板所要探索主题的一系列问题，那请使用它们。

请从一开始就考虑能否使用最终的版本来工作，这能让你更好地考虑尺寸的限制、层次结构、局部和整体。

1. 大标题

给模板取个大标题，以展示模板的主题。

为什么？

不管是在模板的构建还是使用中，大标题能带来聚焦和方向。

怎么做？

出色的大标题应该能回答“这是什么？”的问题。提出一些选项，然后决定最合适的大标题。思考这个大标题是否以及如何吸引参与者。

测试

你的大标题能吸引眼球吗？能给人以启迪吗？能让人参与其中吗？或至少能让人注意到吗？

2. 问题

把模板问题依次排好。选取你将在模板中会用到的问题，并按优先顺序排好。

为什么？

在上个模块中，我们展示了为什么使用问题很重要，以及如何使用问题设计器。如果你已经为流程创建了一系列问题，那么现在你可以选取要包含在模板中的问题。

怎么做？

按照需要提出问题的顺序列出问题。

测试

使用问题测试和上一模块中的流程菱形。

3. 小标题和图标

为每个问题创建小标题和图标。

为什么？

辅助的视觉图像会帮助参与者理解问题，以强调细节并避免误解。

怎么做？

为每个问题写个小标题，并运用第1模块中的第8元素方法来创建图标。

测试

邀请你的同事来提供反馈。

4. 原型

使用第3步中创建的元素。对尺寸、形状、功能和结构进行尝试。设计一个或多个模板原型。

为什么？

原型可以让你测试通往最佳解决方案的方法。

怎么做？

使用便利贴，以便可以移动第3步骤中的元素。给参与者留下回答的空间。用空白便利贴来了解所需空间。如果模板需要在没有引导的情况下发挥作用，那请记住要明确问题的顺序。

测试

退后两步，选择最为平衡和最容易理解的原型。

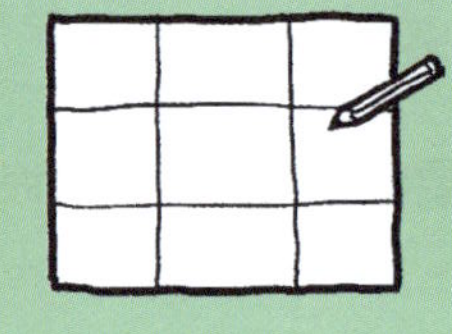

5. 绘制

选择最佳原型后，找到尺寸和形状合适的纸张，创建框架，并以浅色绘制辅助线。这会让你更容易地组织内容和适应尺寸限制。以此绘制模板。

模板元素

这是设计模板时要记住的元素概述。

右页的战略模板是为需要围绕其战略进行结构化对话的管理团队创建的。在模块2中你可以找到相关的流程设计，图标在模块1中，问题在模块3中。该战略模板只是如何创建模板的示例之一。

我们建议：

- 利用原型：测试通往最佳解决方案的方法。可以添加和删减内容，并根据内容组织模板。最能满足目的的解决方案并不总是最初的方案。
- 认识到这需要时间：创建优秀的Power Point演示文稿也是需要时间的。确定你打算花多少时间，并在此期间做到全神贯注。
- 使其易于阅读：在模板中保持可靠的逻辑，即使从远处也易于阅读。考虑阅读的方向、层次结构、文字大小和字体。过多的断行会使读者感到烦躁。

同时别忘了

运用7种元素

展现人物、地点、流程、言语、文字、色彩和效果。

写上你的名字和日期

展现谁创建了该模板，并显示日期。模板很少是固定不变的。

框架

为内容设定边界并将其框起来。

留白

创造平静。

连贯的视觉结构

将内容按时间序式、示意图式、隐喻式或其不同组合的方式融合为一个整体。

顺序

调整元素的顺序，使得模板在转移到大屏幕上也易于解读。

大标题

简短而引人注目的大标题，能给予聚焦和方向。

回答区域

空白区域，可用来填写或绘制参与者的回答。

小标题

简短的小标题，包含流程问题的精髓。

核心问题

完整但简短的句子，易于理解和记忆。这些短语必须基于参与者，且明确无误。如果有引导师引导使用模板，则可以忽略核心问题。

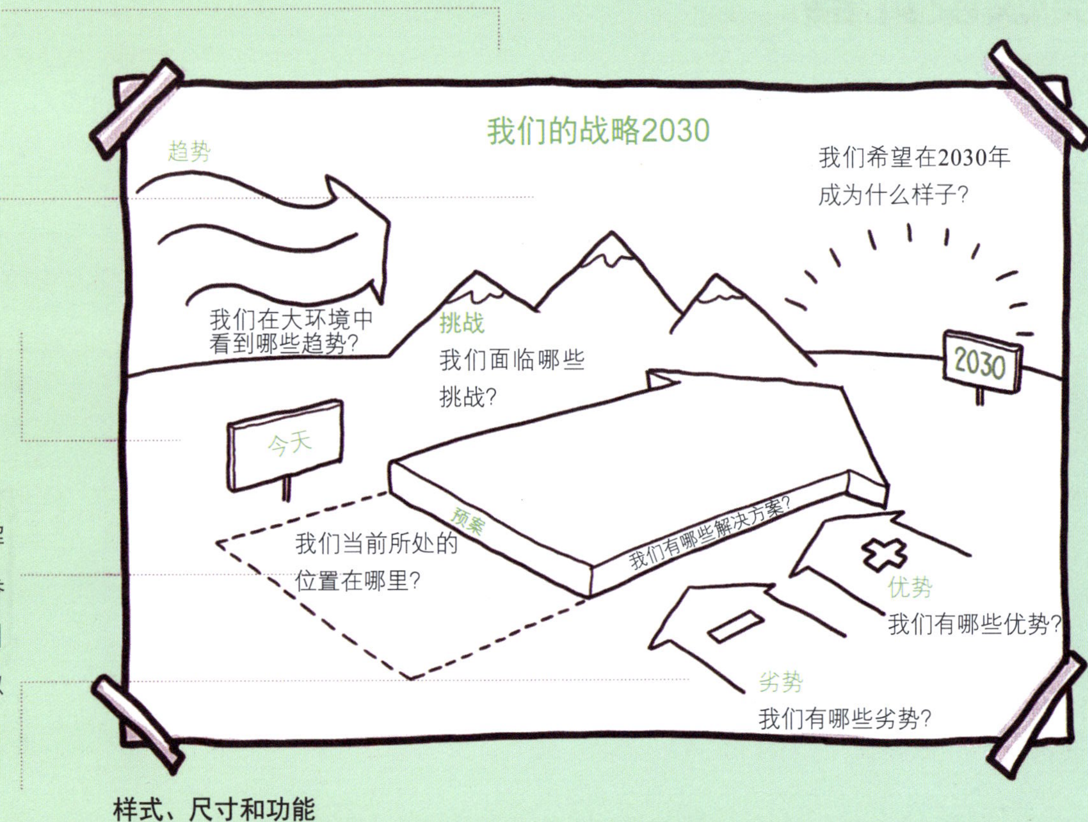

图标

使用视觉语言中的图标来支持大标题、小标题和问题。

样式、尺寸和功能

从模板的目的和流程所处场景的具体框架出发，考虑形状、尺寸和功能。

工具

模板设计器

完成这5个步骤时，请使用模板设计器。下载并打印或绘制该工具。

怎么做？

从左到右使用模板设计器。确定最终模板后，将其以1：1的比例绘制在一张新纸上。

便利贴或纸张

在设计大标题、问题和小标题时，使用长方形的便利贴。

我们的战略2030 | 议程 | 商业模式

图标使用正方形便利贴。

模板使用近似A4大小的纸张或较大的便利贴。

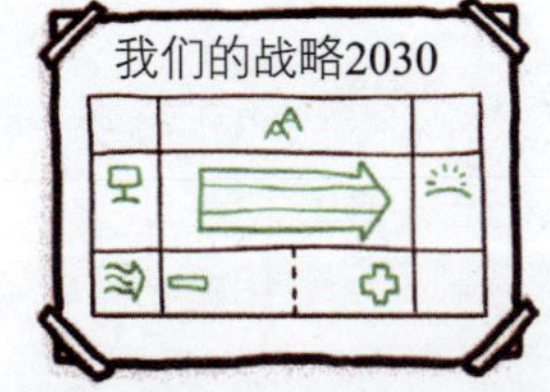

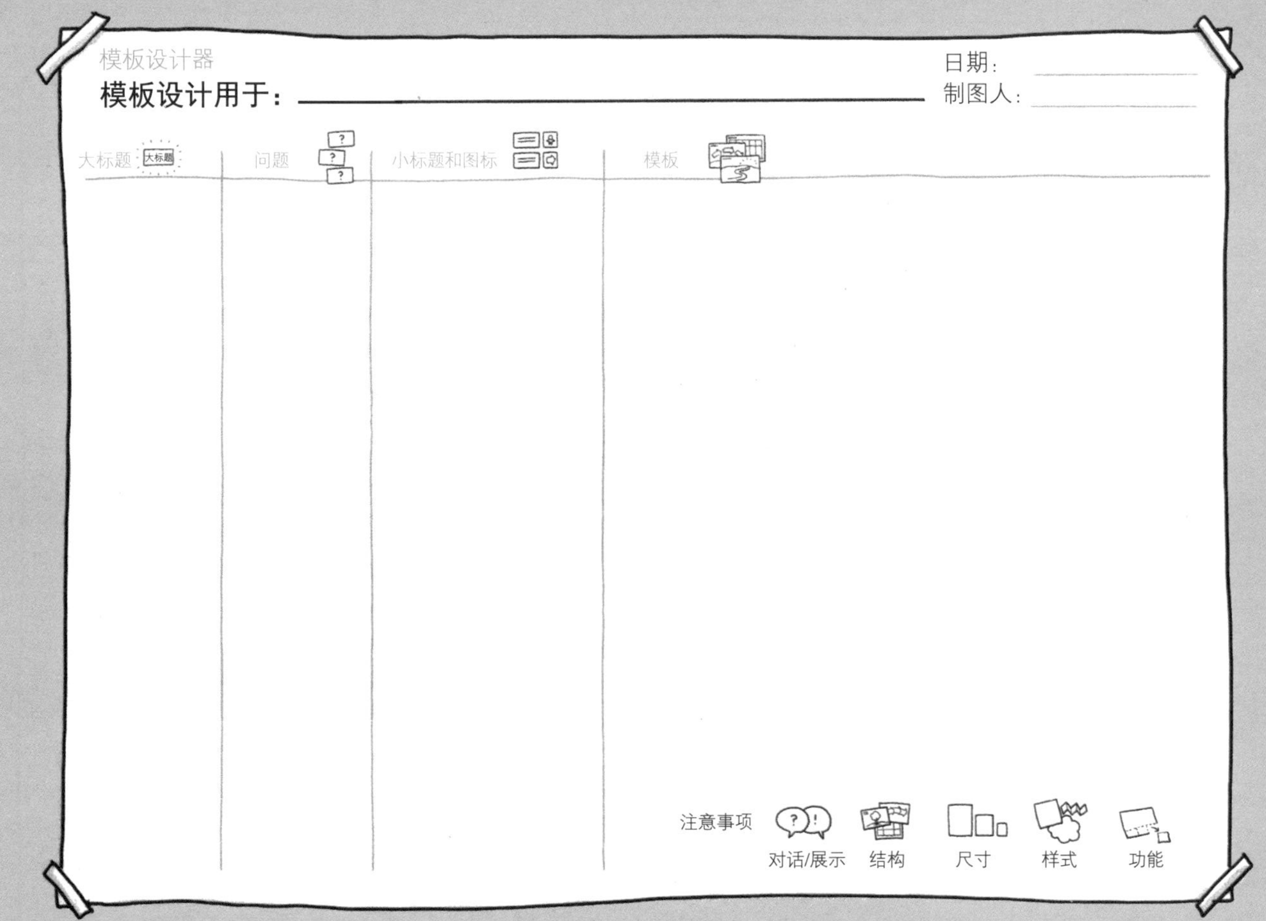
模板设计器
模板设计用于：
日期：
制图人：
大标题
大标题
问题
小标题和图标
模板
注意事项
对话/展示
结构
尺寸
样式
功能

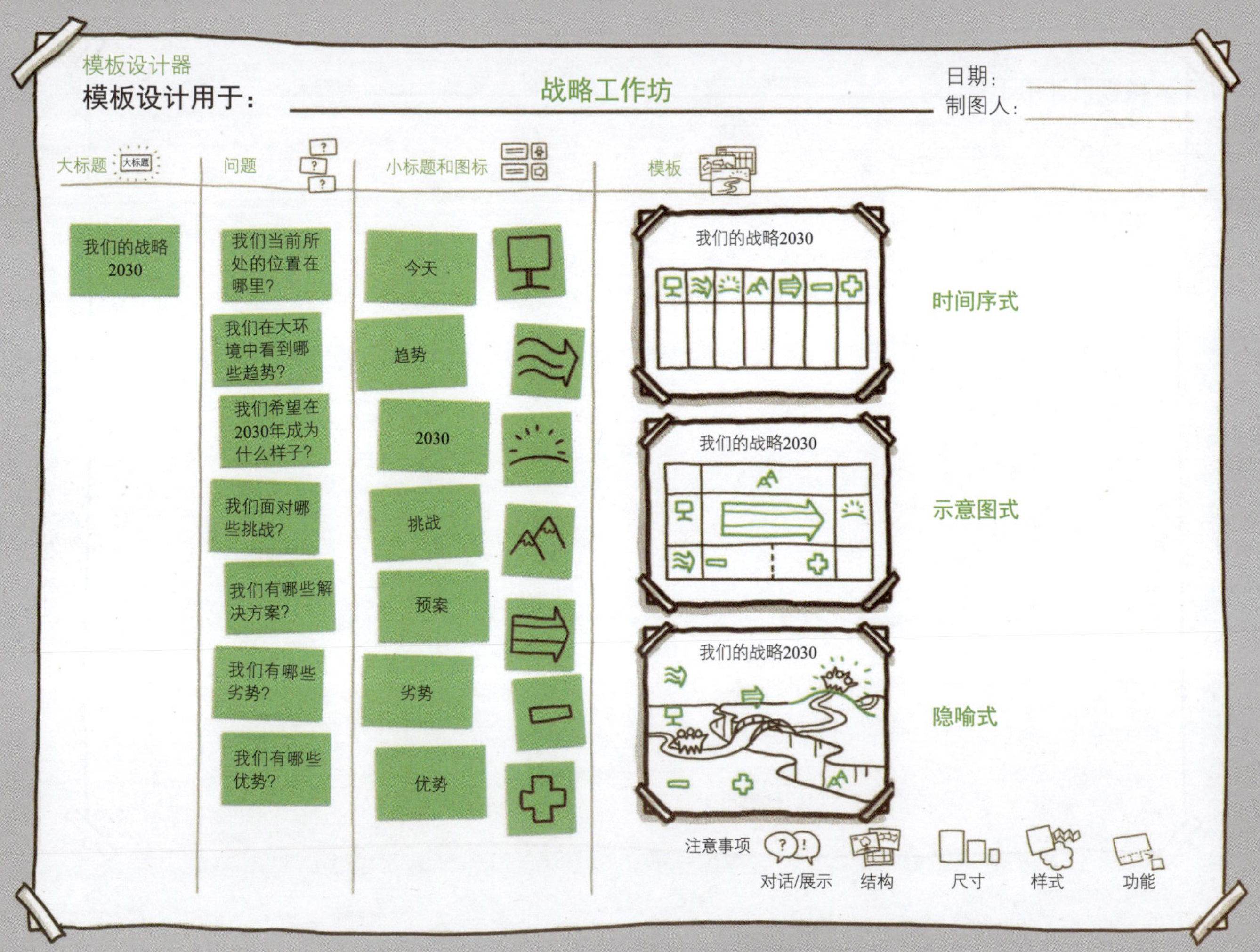
模板设计器
模板设计用于：
战略工作坊
日期：
制图人：
大标题
大标题
问题
小标题和图标
模板
我们的战略2030
我们当前所处的位置在哪里？
我们在大环境中看到哪些趋势？
我们希望在2030年成为什么样子？
我们面对哪些挑战？
我们有哪些解决方案？
我们有哪些劣势？
我们有哪些优势？
今天
趋势
2030
挑战
预案
劣势
优势
我们的战略2030
时间序式
我们的战略2030
示意图式
我们的战略2030
隐喻式
注意事项
对话/展示
结构
尺寸
样式
功能

最终模板

（示意图式和隐喻式的组合）

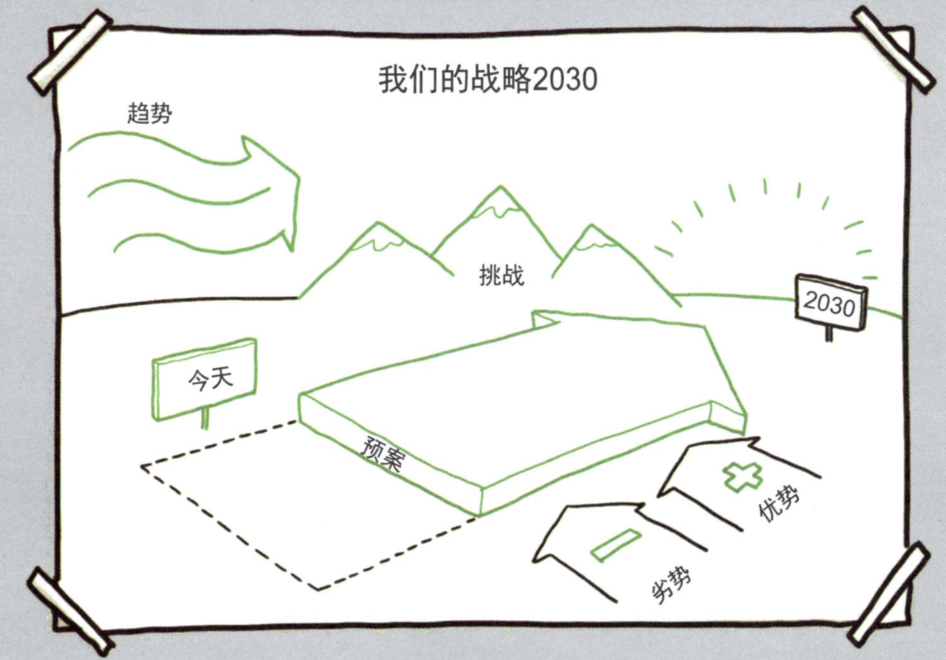

战略可能难以具体化和实用，而且组织战略与员工执行之间有时存在差距。无论使用哪种组织类型，战略模板都可以使战略工作切实可行且面向行动。

目的：与有关利益相关者就组织即将实施或当前的战略进行有组织的、面向行动的对话。参与者使用左页模板中的7个问题来探讨该战略的主要内容。用便利贴把回答贴在模板中，这样使得该流程非常灵活，并且可以在出现新见解时更改或移动这些回答。

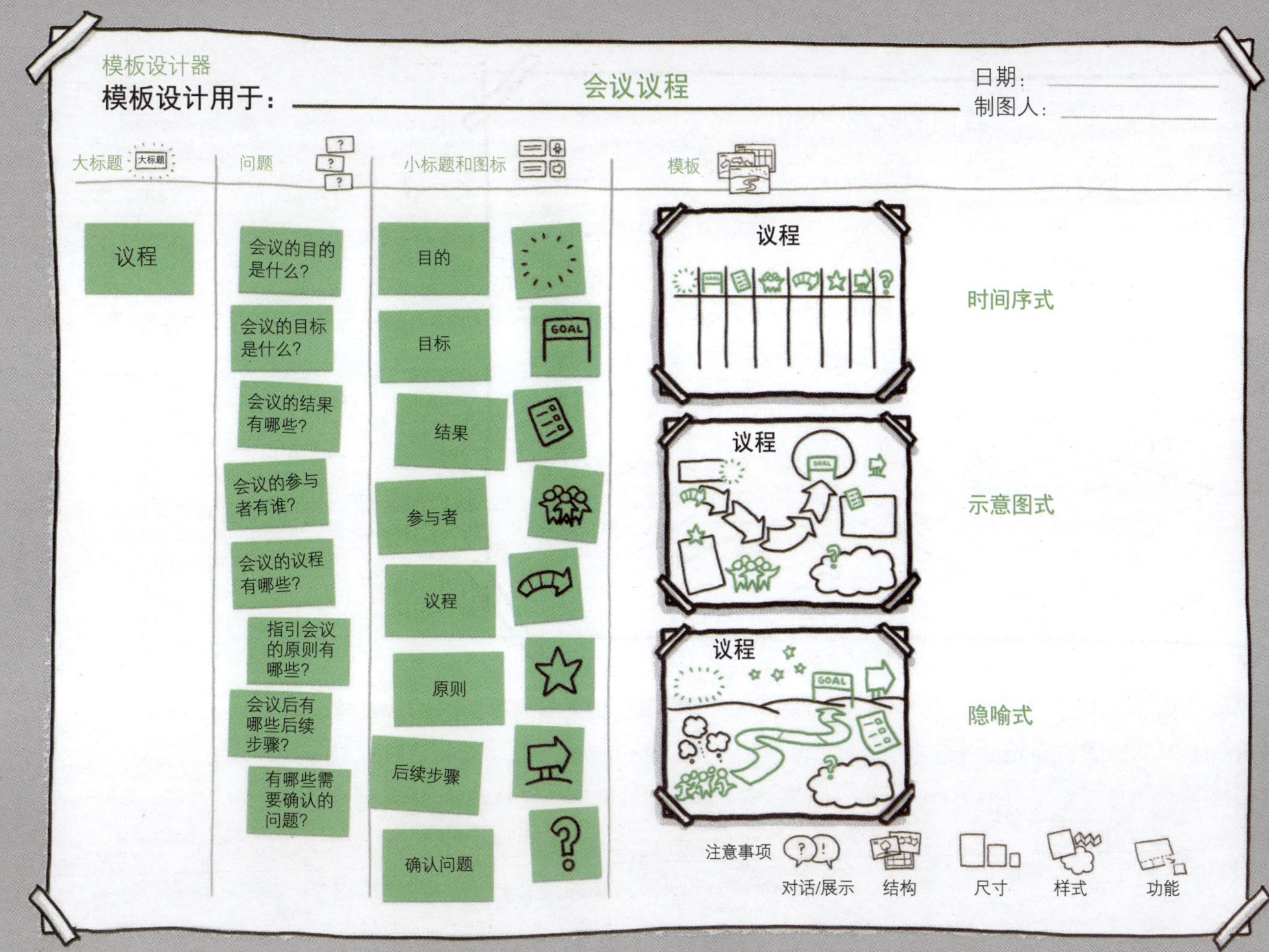
模板设计器
模板设计用于：
会议议程
日期：
制图人：
大标题
大标题
问题
小标题和图标
模板
议程
会议的目的是什么？
会议的目标是什么？
会议的结果有哪些？
会议的参与者有谁？
会议的议程有哪些？
指引会议的原则有哪些？
会议后有哪些后续步骤？
有哪些需要确认的问题？
目的
目标
结果
参与者
议程
原则
后续步骤
确认问题
GOAL
议程
时间序式
议程
示意图式
议程
隐喻式
注意事项
对话/展示
结构
尺寸
样式
功能

最终模板

（隐喻式）

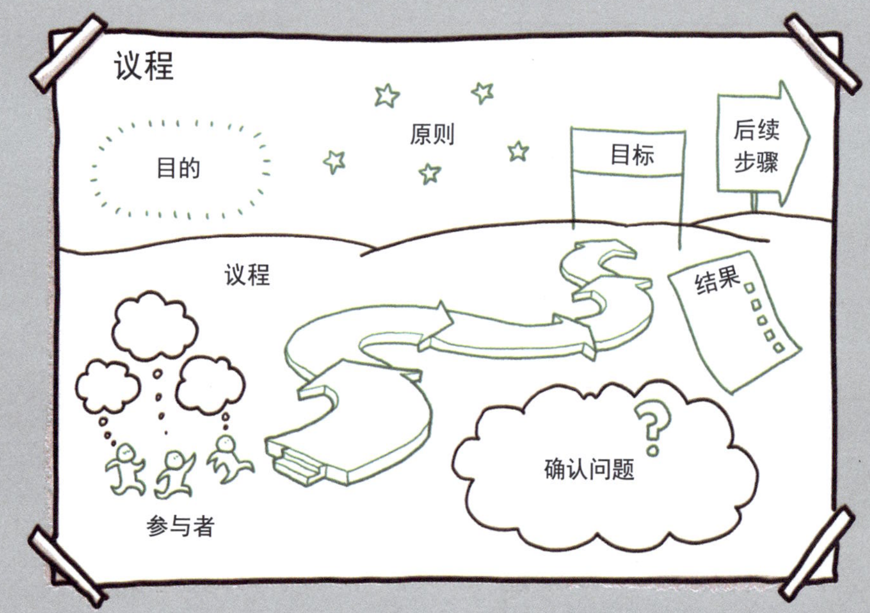

视觉议程是用于展示会议、工作坊或讨论会的引人入胜且简单可行的方法。

目的：向参与者解释他们将参加什么会议。可以根据左页模板中的8个问题来构建视觉议程。这8个问题不仅与会议的计划要点有关，而且与确保参与者达成会议结果的目的、目标和原则相关。该模板还预留空间，让参与者可以在会议开始时回答问题。

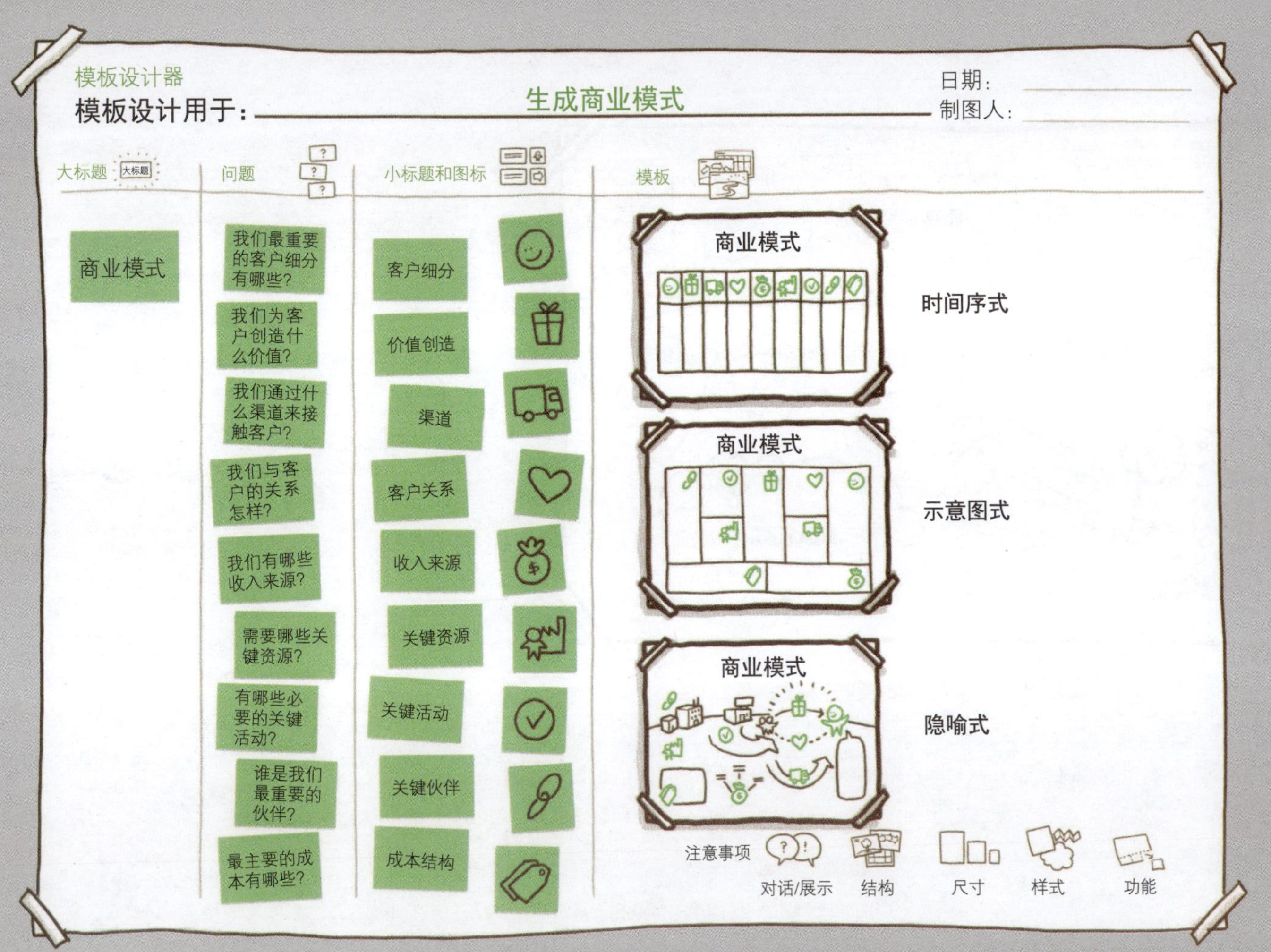
模板设计器
模板设计用于：生成商业模式
日期：
制图人：
大标题
问题
小标题和图标
模板
商业模式
我们最重要的客户细分有哪些？
我们为客户创造什么价值？
我们通过什么渠道来接触客户？
我们与客户的关系怎样？
我们有哪些收入来源？
需要哪些关键资源？
有哪些必要的关键活动？
谁是我们最重要的伙伴？
最主要的成本有哪些？
客户细分
价值创造
渠道
客户关系
收入来源
关键资源
关键活动
关键伙伴
成本结构
商业模式
时间序式
商业模式
示意图式
商业模式
隐喻式
注意事项
对话/展示
结构
尺寸
样式
功能

模板作者：亚历山大·奥斯特瓦尔德和伊夫·皮尼厄

（示意图式）我们建议使用与时间序式和隐喻式的模板外观。

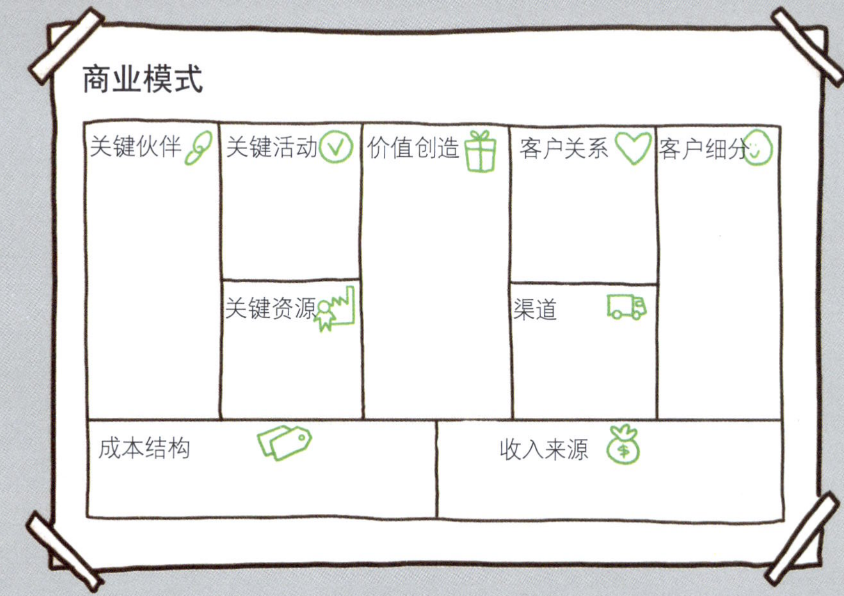

在2010年，亚历山大·奥斯特瓦尔德（Alexander Osterwalder）和伊夫·皮尼厄（Yves Pigneur）出版了*Business Model Generation*（《商业模式新生代》）一书。书中包含名为“商业模式画布”的视觉对话工具。

《商业模式新生代》介绍了如何开发新的业务模型或更新现有的业务模型。

该书介绍了9个核心问题，这些问题可以指导你和团队针对业务模式展开对话。在模板中，9个问题都设有各自的图标。该模板在每个区域中都为放置便利贴预留了空间，从而让你和团队可以灵活地讨论，并把回答按优先级排序。

该书及其方法和工具获得了全球性的成功。

邀请对此感兴趣的人士一起创建、重新审视，以及测试你的下一个商业模式。

常用参考模板

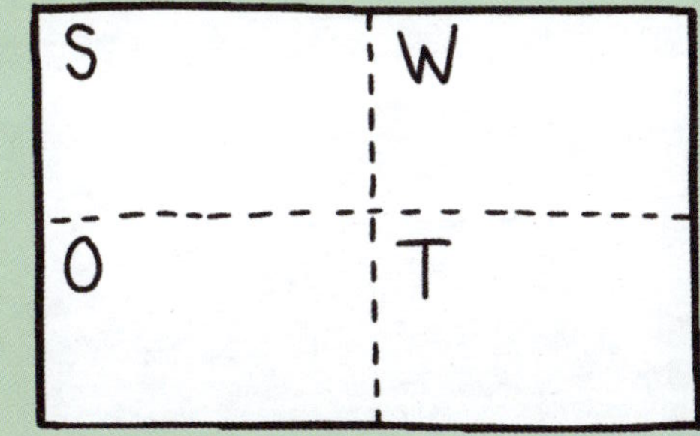

SWOT分析

分析业务或项目的优势、劣势、机会和风险，为做决策创建更好的基础。

创作人不明。

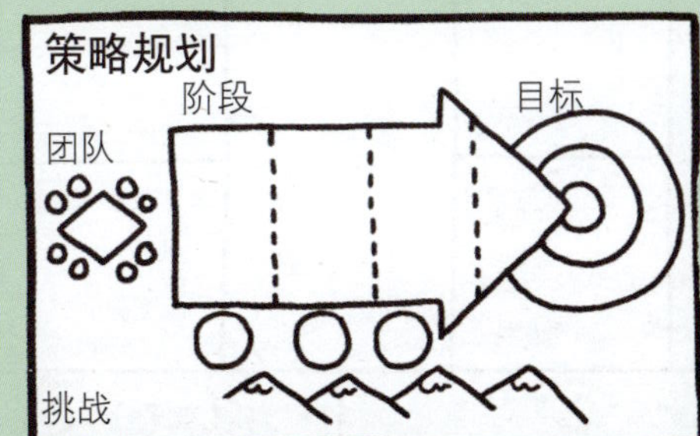

策略规划

运用策略规划为下个项目做概览。邀请项目参与者在流程中明确角色，把项目分解为多个阶段，确定挑战并制定目标。

戴维 · 西贝特（David Sibbet）创作
格洛弗国际咨询公司

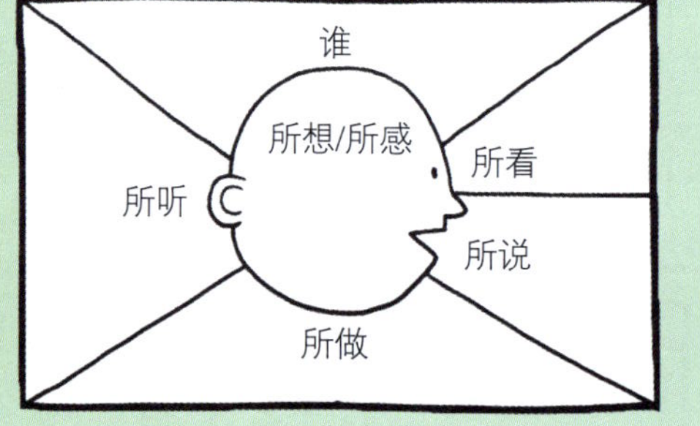

同理心图

通过辨识属于不同任务特性的行为来探索用户的特性。选择某人，分析其所听、所想/所感、所看、所说和所做。

戴夫·格雷（Dave Gray）创作
X计划咨询公司

波士顿矩阵

通过查看市场份额和增长潜力来分析公司的产品。该模板的目的是确定哪些产品最赚钱。把产品分类为金牛业务、瘦狗业务、问题业务或明星业务。

波士顿咨询集团创作

灵感

以下是我们为各种不同组织，针对不同目的而开发的简化模板。

访问visualcollaboration.site以获得更多的想法。

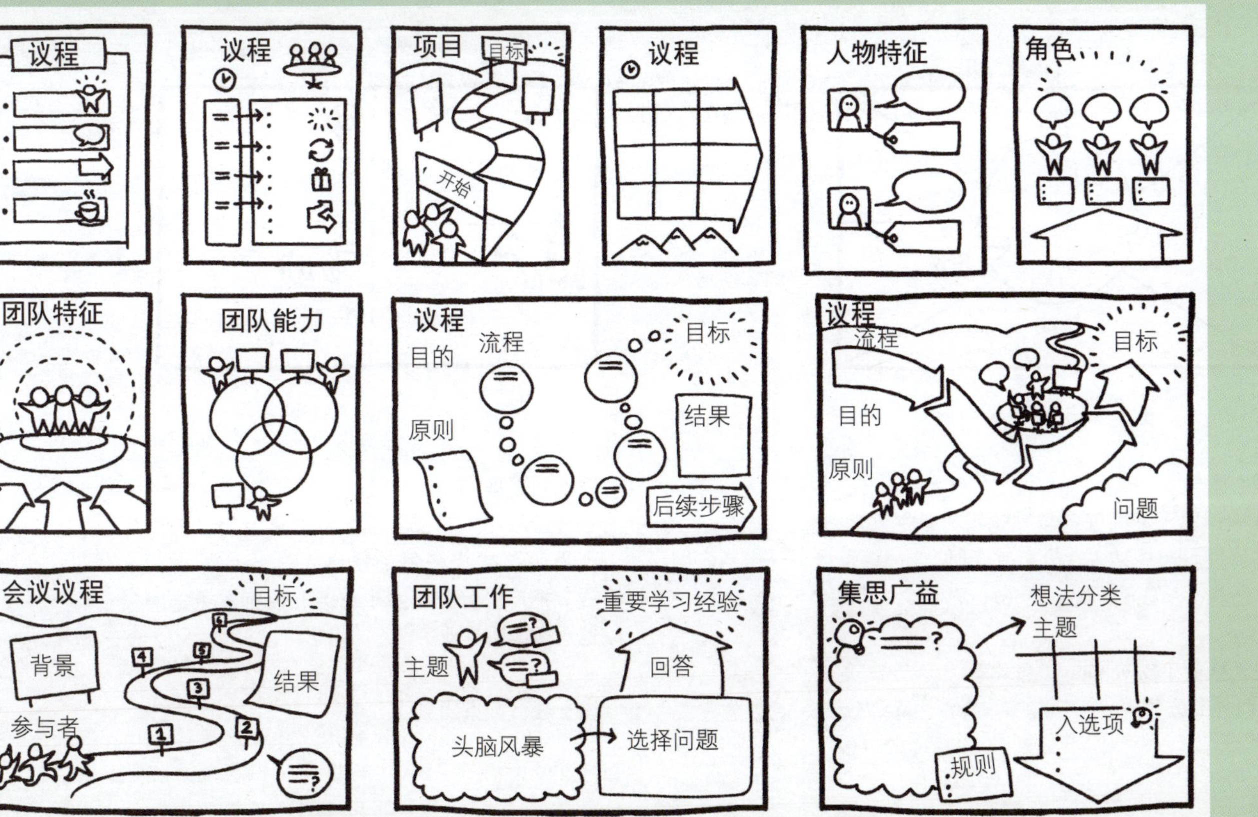

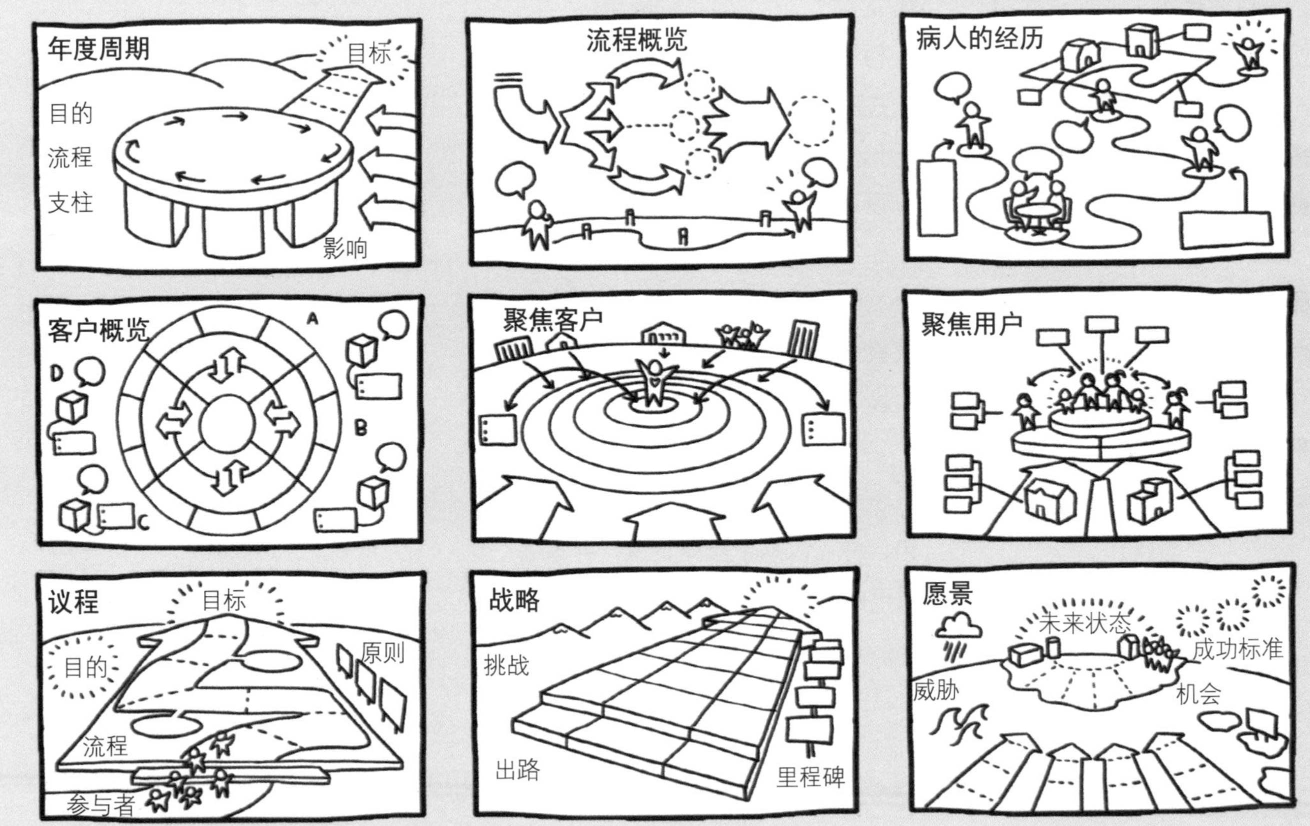
年度周期
目标
目的
流程
支柱
影响
流程概览
病人的经历
客户概览
A
D
B
C
聚焦客户
聚焦用户
议程
目标
目的
原则
流程
参与者
战略
挑战
出路
里程碑
愿景
未来状态
成功标准
威胁
机会

总结

打造清晰度：优秀的模板可以处理复杂性，将对话聚焦，并促进共同学习。你可以使用模板创建视觉学习平台，这些模板可以帮助你和参与者从整体角度进行工作，并在更短的时间内取得成果。

模板注意事项：当你创建模板时，必须考虑它是用于支持展示还是对话，其结构是否必须采用时间序式、示意图式还是隐喻式，以及最适合模板功能的尺寸和形式。

模板设计：你可按以下5个步骤创建模板：

- 构思大标题
- 按序排列问题
- 创建小标题和图标
- 设计原型
- 绘制

模板设计器：帮助你在创建模板时构建设计流程的工具。

示例：有许多现成的模板可供使用，你可以从中获得灵感，并根据自己的场景及流程进行改编。

你下一个模板的大标题
是什么?

实践方法

采购的全局图

宜家是一家全球性组织，经常使用程序和手册来确保产品质量和统一的交付。宜家采购和物流也不例外。

多年来，他们一直在使用一本30页的手册来详细描述该部门的工作。但是，世界各地的不同办事处之间对手册内容的解读却不尽相同。为了建立共识和统一方向，每个办公室团队都召开了一系列研讨会，目的是为了对采购和物流形成共识。

在许多工作坊的课程中，参与者接受了如何根据共同的手册和本地经验来创建视觉语言的培训。在随后的校准工作坊中，分析、拓展和使用了来自初期工作坊的草图。这些初期工作坊的视觉作品被汇总到了一张图画中，并递交关键员工批准。最终，这幅图画由专业绘图人员重新绘制。

宜家的100多名员工参与构思、绘制、评论、编辑和重新编排了采购全局图。自第1版以来，它已更新了5次。如今，宜家采购与物流部门每天有2000多名员工在使用它。它已被挂在走廊和办公室中，并作为交互式工具放在宜家的内网上，供员工在其中查看不同级别的细节。它也用作工作坊中的对话工具，重点讨论改善采购的方式，并因此成为新员工入职流程的一部分。

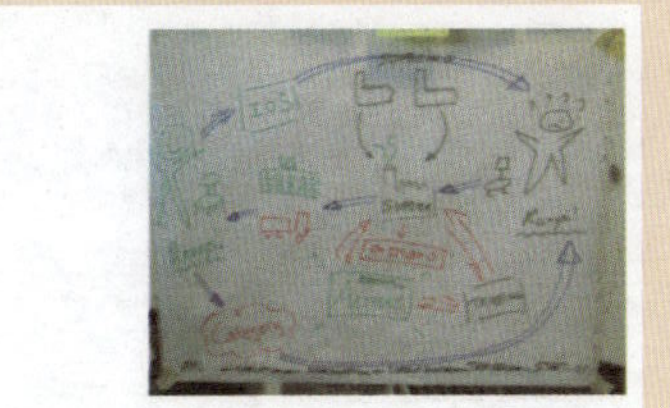

员工团队在最初的工作坊创建的草图示例之一。

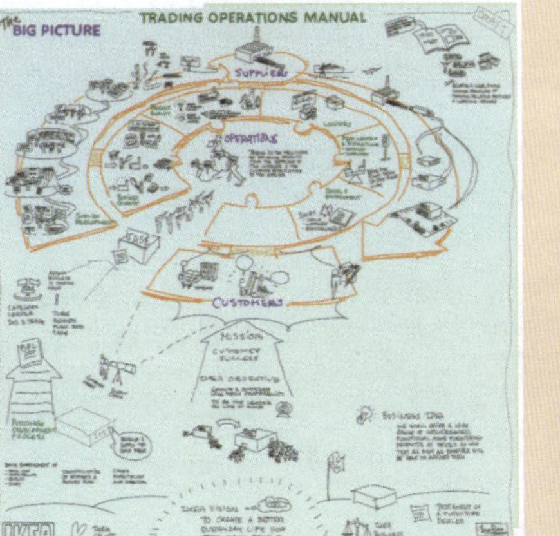

通过合并最初工作坊中的草图所创建的更大的视觉图像。

由专业绘图人员重新绘制前的最终版本。

"如今，任何人想要了解有关采购和物流中供应商生命周期的信息，都可以在复杂的流程中使用图像索引。视觉化缩短了查找所需信息的时间，并能更容易记住内容。自从开始使用该海报以来，我们经历了3次重大的组织变动。无论我们的组织架构如何变化，该全局图却大致保持不变，并仍然是我们工作的基石。"

——**亨利克·埃尔姆**（Henrik Elm）

采购及物流经理

宜家集团内部使用

绘图的布局：可以看到客户在正中心，被战略所包围。中间圆环由8个相互连接的流程组成。最外圈显示了宜家从客户需求到客户满意度的整个流程。所有流程都基于由5个核心文件组成的宜家基本构想。

5.
准备推广实施

准备推广实施

目的：在推广实施流程时，激发你以视觉化方式工作

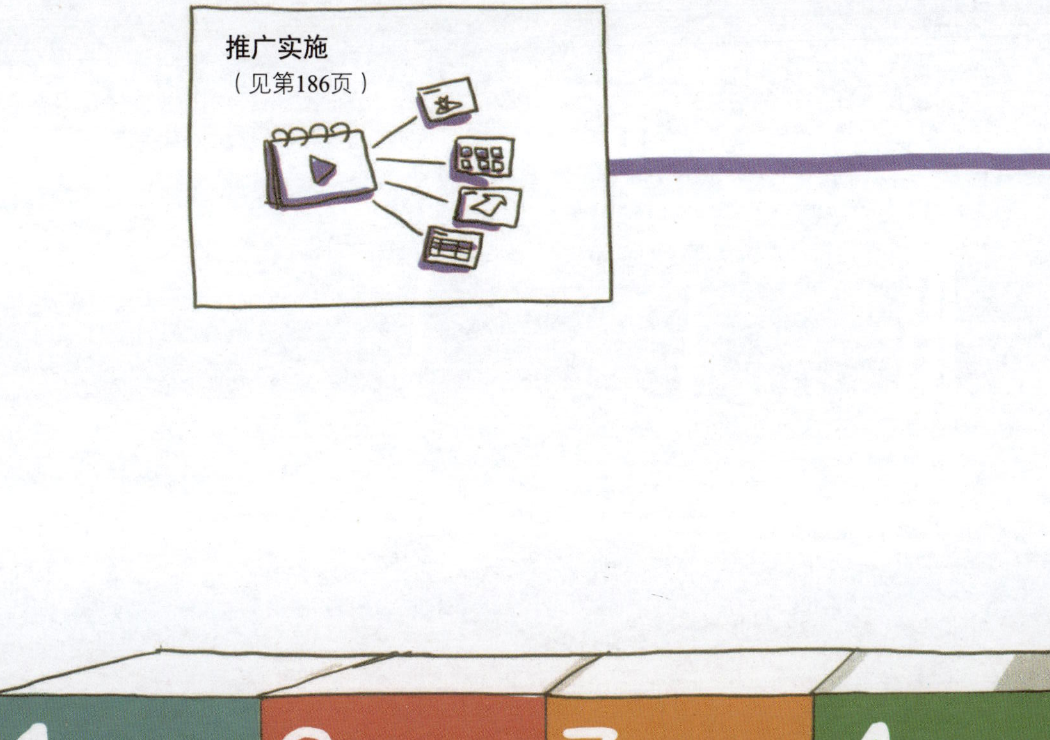

模块5

目标：有一份可以向让他人推广实施你的作品的指导书

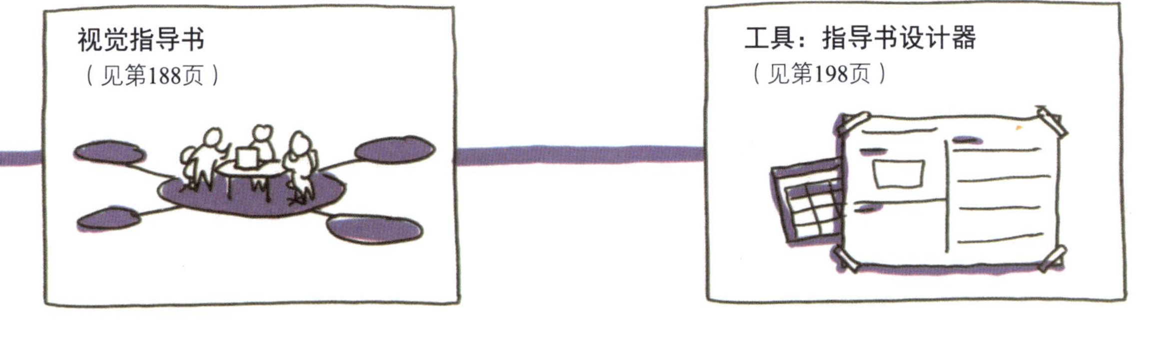

推广实施

为什么需要指导书呢？指导书是一种工具，它详细展示了流程中需要发生的事情。这对于需要由他人引导，并且涉及许多利益相关方和高风险的大型复杂流程尤为重要。

在模块2构建流程设计器的环节中，你输入了以下关键内容：

- 流程发生的场景
- 每个流程步骤
- 流程结果
- 流程的下一步骤

在视觉指导书中，你将对这些元素进行更为具体的描述和视觉化。这些与详细的时间表一起，构成了视觉指导书的元素。

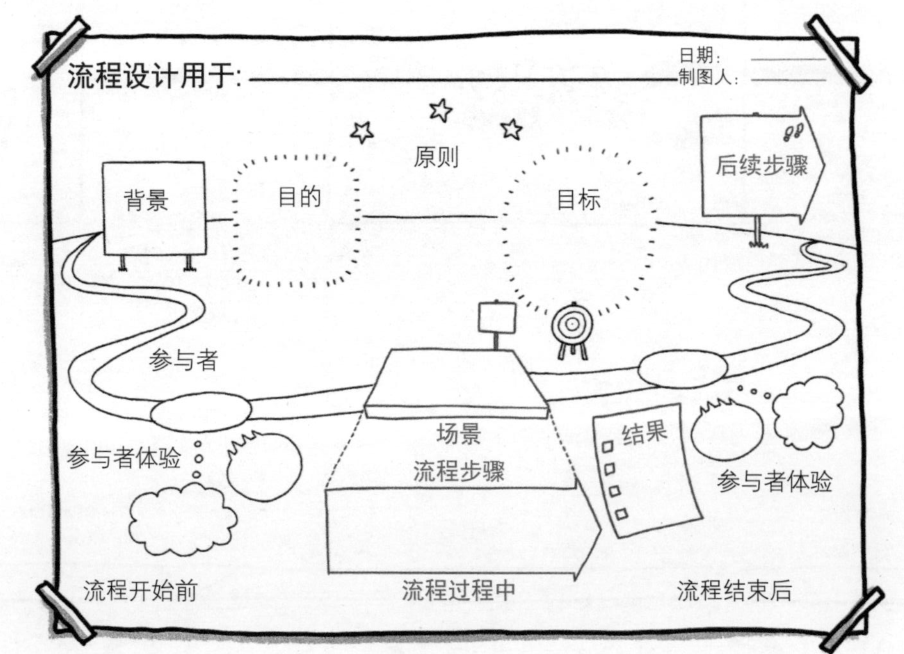

一份完备的指导书会提供自由度和灵活性、身份感，以及即兴发挥的空间。

- 如果你负责设计、引导或举办大型会议，而该会议的风险很大，并且有许多角色和责任需要承担，那么指导书则会为开展工作提供坚实的基础。
- 如果你设计了将在整个组织中推广的会议概念或变更流程，那么指导书则是非常好的工具，能够提高他人成功使用你的设计的可能性。
- 如果你所在的组织尚未习惯使用视觉工作方式，那么当你需要让参与者参与绘制或使用模板时，创建指导书可以帮助你做好充足的准备。

视觉指导书

以最适合你和流程的顺序和细化程度运用4种设计元素。

勾画场景

勾画出流程发生所处的场景。

将期望的结果视觉化

勾画出期望结果看上去的样子。

故事板

创建故事板，画出每个流程步骤前、过程中和步骤后的样子。

时间表

创建遵循故事板的时间表，并详细描述每个流程步骤。

视觉指导书的内容

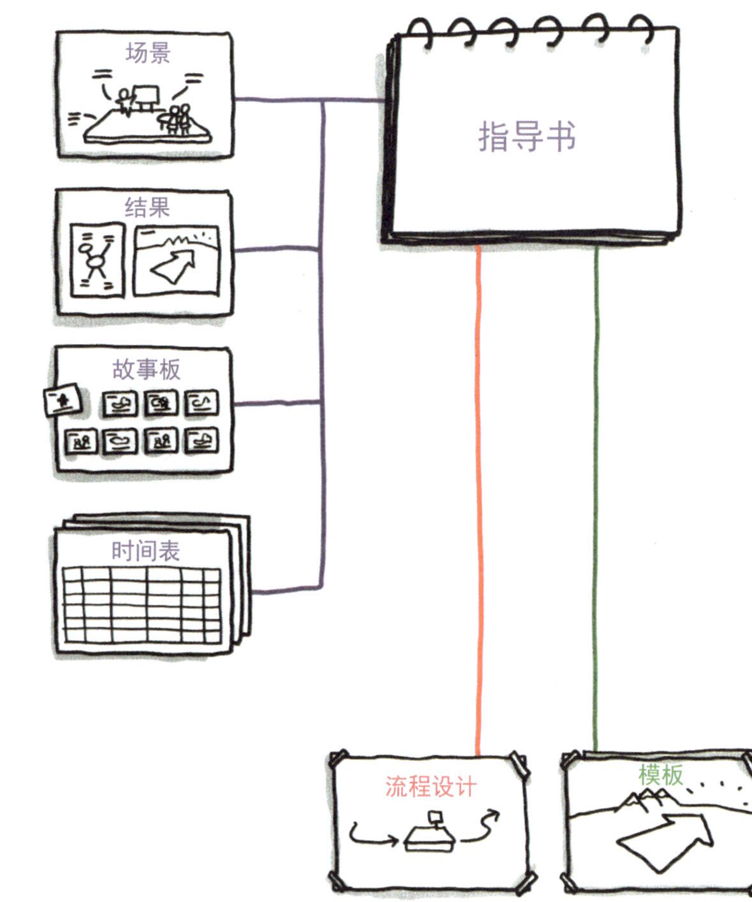

视觉指导书

勾画场景

绘制构成流程框架的场景图。

为什么？

通过勾画该流程发生所处场景的框架，你和参与流程的其他人会对该流程的概念有所了解。场景图可以显示是否有东西缺失，或者是否需要考虑其他一些因素才能运行该流程。

怎么做？

绘制学习平台：座位安排、场景、设备和材料。绘制参与者及其各自角色、职责和任务。用简短的句子描述流程的概念。请把场景图纳入指导书中。

我们有好用的白板笔吗？

对，我想是的。但大会议室里是否有足够的墙壁空间挂团队模板呢？

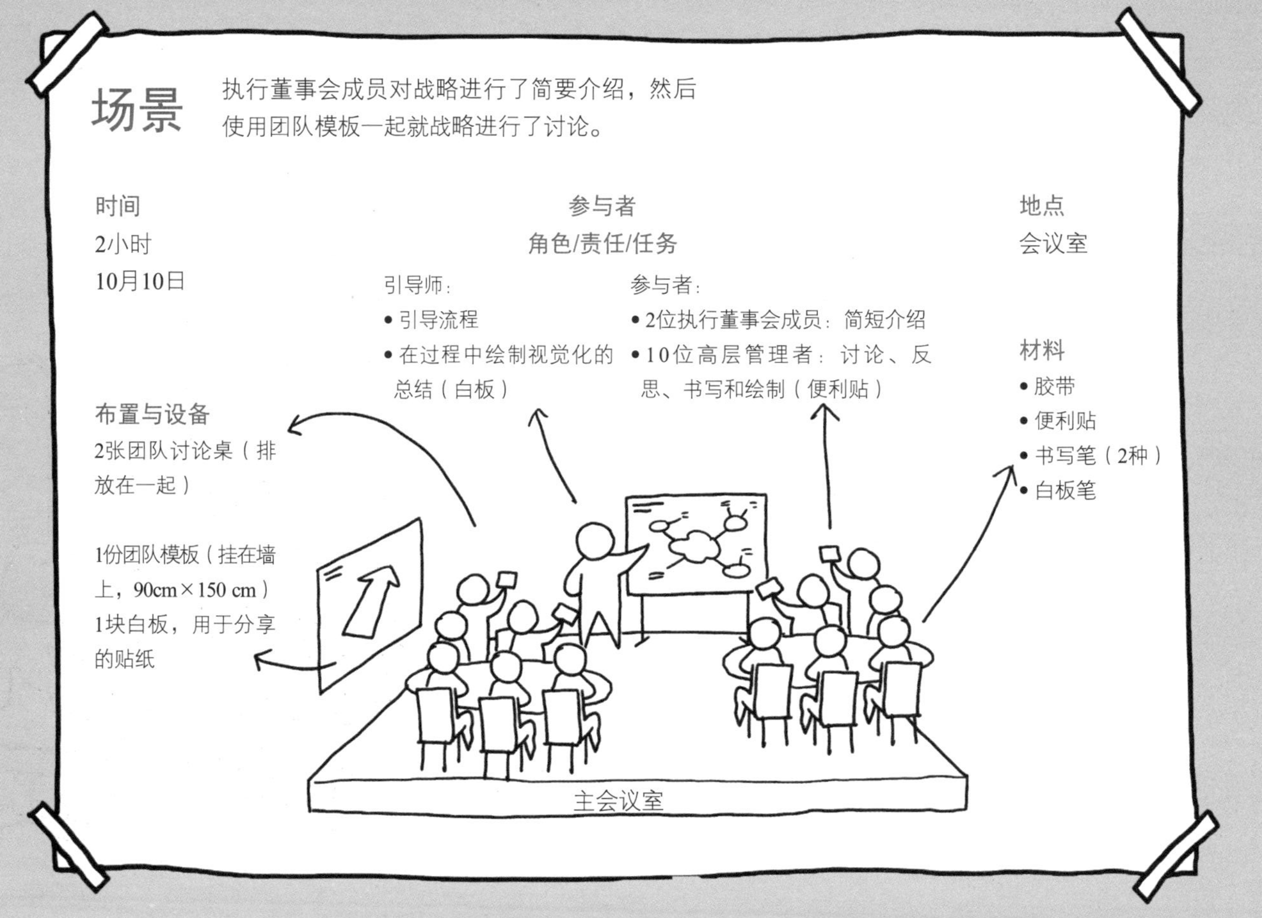
场景
执行董事会成员对战略进行了简要介绍，然后
使用团队模板一起就战略进行了讨论。
时间
2小时
10月10日
参与者
角色/责任/任务
引导师：
• 引导流程
• 在过程中绘制视觉化的
总结（白板）
参与者：
• 2位执行董事会成员：简短介绍
• 10位高层管理者：讨论、反
思、书写和绘制（便利贴）
地点
会议室
材料
• 胶带
• 便利贴
• 书写笔（2种）
• 白板笔
布置与设备
2张团队讨论桌（排
放在一起）
1份团队模板（挂在墙
上，90cm×150 cm）
1块白板，用于分享
的贴纸
主会议室

视觉指导书

把期待的结果视觉化

绘制你对流程结果的期望。

重要的是，要尽量具体地完成思维导图！

为什么？

通过将期望的流程结果视觉化增加成功的概率。你可以把流程结果变得具体、可实现，而且可能会发现某些需要改变的地方以达成目标。

当期望的结果显现时，也更容易描述如何进行。

怎么做？

当你以视觉方式工作时，通常会产生一个或多个视觉作品，其形式可以是完成的模板、白板或活动挂图。

在流程结束时，把你认为参与者完成的或绘制在墙壁或白板上的东西视觉化地呈现出来。

请把期望结果的草图纳入指导书中。

示例：勾画出战略工作坊的期望结果

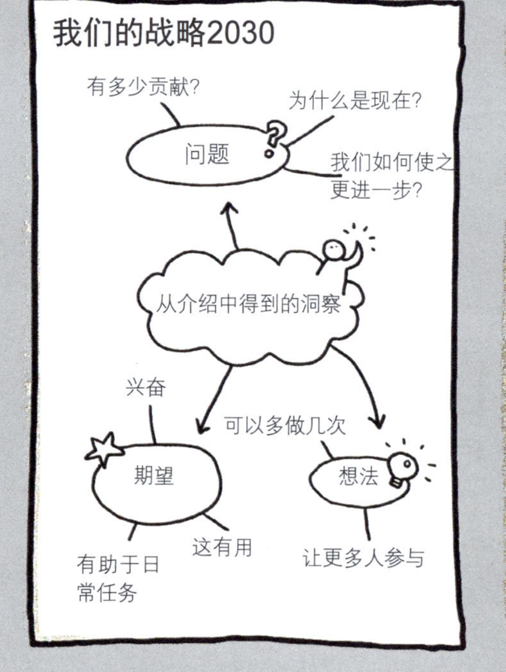

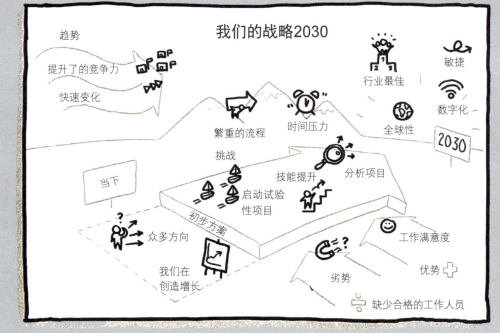

活动挂图——最终结果：

在活动挂图上绘制10~20 个想法和见解

模板——最终结果：

对每个问题都按优先顺序列出回答

视觉指导书

故事板

绘制出流程步骤前、过程中和步骤后的样子。

为什么？

出众的故事板清楚地说明了所有关键流程步骤。它提供了对流程的概述和控制，是确保良好交付的宝贵工具。故事板也是用于流程设计知识共享和改进的工具。

怎么做？

把流程分解为多个步骤。当每次“场景变化”时，请创建一个新步骤和新框架。让每个场景都可移动，以便你可以尝试改变顺序。给每个场景一个编号、标题、时间指示器以及内容的简短描述。勾画出正在发生的关键点，那看上去应该是怎样的？

记住要让你的学习平台发挥作用，不但要展示流程步骤本身，还要展示步骤前后需要做些什么。另外，参与者需要非常清楚地知道如何将所产生的结果推进下去。请把故事板纳入指导书中。

示例：战略工作坊的故事板

工作坊开始前

简介　30分钟

快速回顾：流程+发出邀请

布置房间　30分钟

引导师布置好设备和材料

邀请参与者进入　10分钟

引导师与管理者：期待参与者的到来+欢迎

工作坊过程中

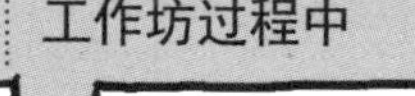

介绍　5分钟

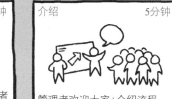

管理者欢迎大家+介绍流程

从介绍中得到洞察　15分钟

引导师收集每个团队成员的输入，包括关键词和图标

个体反思　15分钟

参与者写下自己对引导师提出的4个核心问题的回答

关于4个核心问题的对话　4×10分钟

参与者分享回答（放到模板上）

选择　20分钟

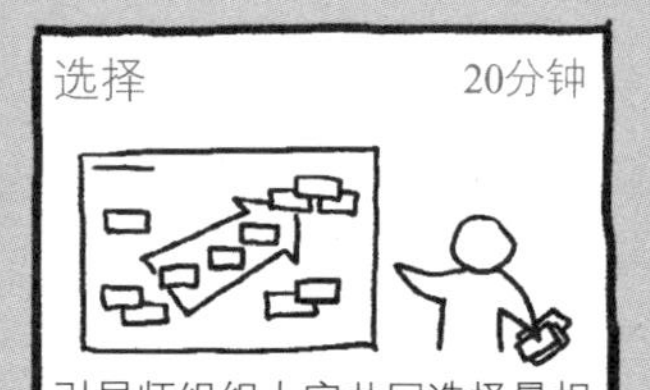

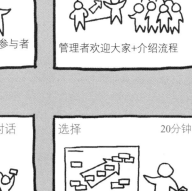

引导师组织大家共同选择最相关的回答

重述：问题与流程　20分钟

团队成员直接在模板上绘制最终回答

结论及后续步骤　10分钟

管理者总结+“感谢大家的参与”

工作坊结束后

归纳成文并分享　10分钟

引导师拍照并与参与者分享

处理输入　60分钟

引导师与管理者一起整理

视觉指导书

时间表

为整个流程创建详细的时间表。

为什么？

时间表是一种经典的引导工具。该工具使你的流程具有可行性，并确保所有参与者都在恰当的时间以正确的形式提供自己的意见。你不应成为日程安排的“奴隶”，但只有你做好了充分的准备，才能在过程中随机应变。

怎么做？

将你认为相关的要点创建成文本文件。请记得使用流程设计器中的回答。这些回答在流程创建中提供了指引，也将在流程进行中继续指导你和参与者。

除了包含时间、大标题、内容、行动、责任、备注和材料等区域外，时间表最好还要包含说明流程步骤的区域。剪切和粘贴故事板中的元素，或显示该步骤中所需使用的模板。请把时间表纳入指导书中。

时间表：战略工作坊。星期一，10月10日，上午9:00 – 11:00。

开始	时间（分钟）	小标题	内容（目的及活动）	负责人员	备注	材料	图示
工作坊开始前							
1周前	30	情况介绍和发送邀请	引导师与执行委员会成员简要回顾流程。并发送邀请给参与者	引导师		模板、议程文本、邀请函	
08:20	30	布置会场	会场分为2组，每组5人，材料准备完成	引导师	每个人都要能看见模板，绘制议程	模板、1块白板、装盒材料包括书写笔和便利贴	
08:50	10	准备好请参与者入场	向参与者表示期待和欢迎他们的到来。会场应准备完毕并有吸引力	执行委员会成员、引导师	提供姓名牌	咖啡、茶、早餐、清新空气	
工作坊过程中							
09:00	05	工作坊介绍	致欢迎词。 介绍目的、流程以及战略工作坊的期望结果	执行委员会成员、引导师	为每位参与者打印模板及问题	模板	
09:05	15	从介绍中得到的洞察	介绍提供了哪些见解? 把参与者从介绍中得到的洞察用关键词和图标整理在白板上	引导师	用颜色标记输入	白板及书写笔	
09:20	10	个体反思	让每个人都思考这4个核心问题。每位参与者把自己的回答记录在便利贴上	引导师	每位参与者需要展示书写完成的便利贴	用于记录的黑色书写笔和便利贴	
09:30	40	关于4个问题的对话	关于4个核心问题的集体对话。参与者用便利贴递交其回答，然后贴在模板上（4个回答×10分钟）	引导师	如果期间有额外的反馈，应当用新的便利贴记录	额外的便利贴	
10:10	20	选择	组织、共同选择、合成最贴切的回答	引导师	把落选的便利贴移走	模板、书写笔与便利贴	
10:30	20	收集与绘制	团队成员将最终回答直接绘制在模板上	引导师	确保书写可以辨识	模板及书写笔	
10:50	10	结论及后续步骤	简要回顾。向参与者表示感谢。执行委员会成员讨论后续步骤	执行委员会成员、引导师	清晰地描述下一步需要做什么	完成模板	
工作坊结束后							
	10	文本归档，分享及清理	把完成的模板拍照，并分享给参与者。将模板卷起并带入下一步骤	引导师			
	60	处理输入	引导师和执行委员会的2名成员开会，把参与者的意见纳入战略，并准备在整个组织中进行分享	执行委员会成员			

工具

指导书设计器

仔细研究场景、结果、故事板和时间表；绘制在便利贴、白纸和白板上。给你的作品拍照，并将其全部收入易于共享的可管理文档中。

怎么做？

使用视觉协作领域中的工具，以最适合你的顺序完成。

便利贴与白纸

在你需要将场景及结果视觉化时，直接绘制在白纸上。在故事板中的每个步骤都使用便利贴或白纸，以便你可以来回移动步骤来测试不同顺序。

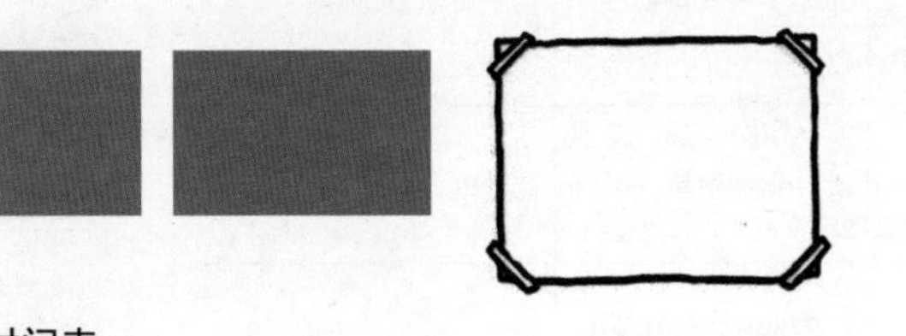

时间表

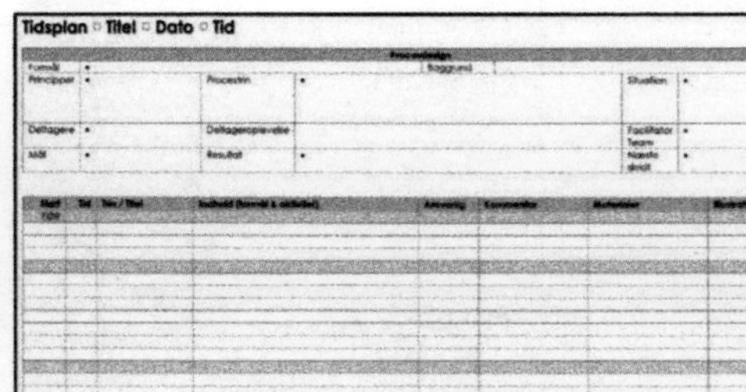

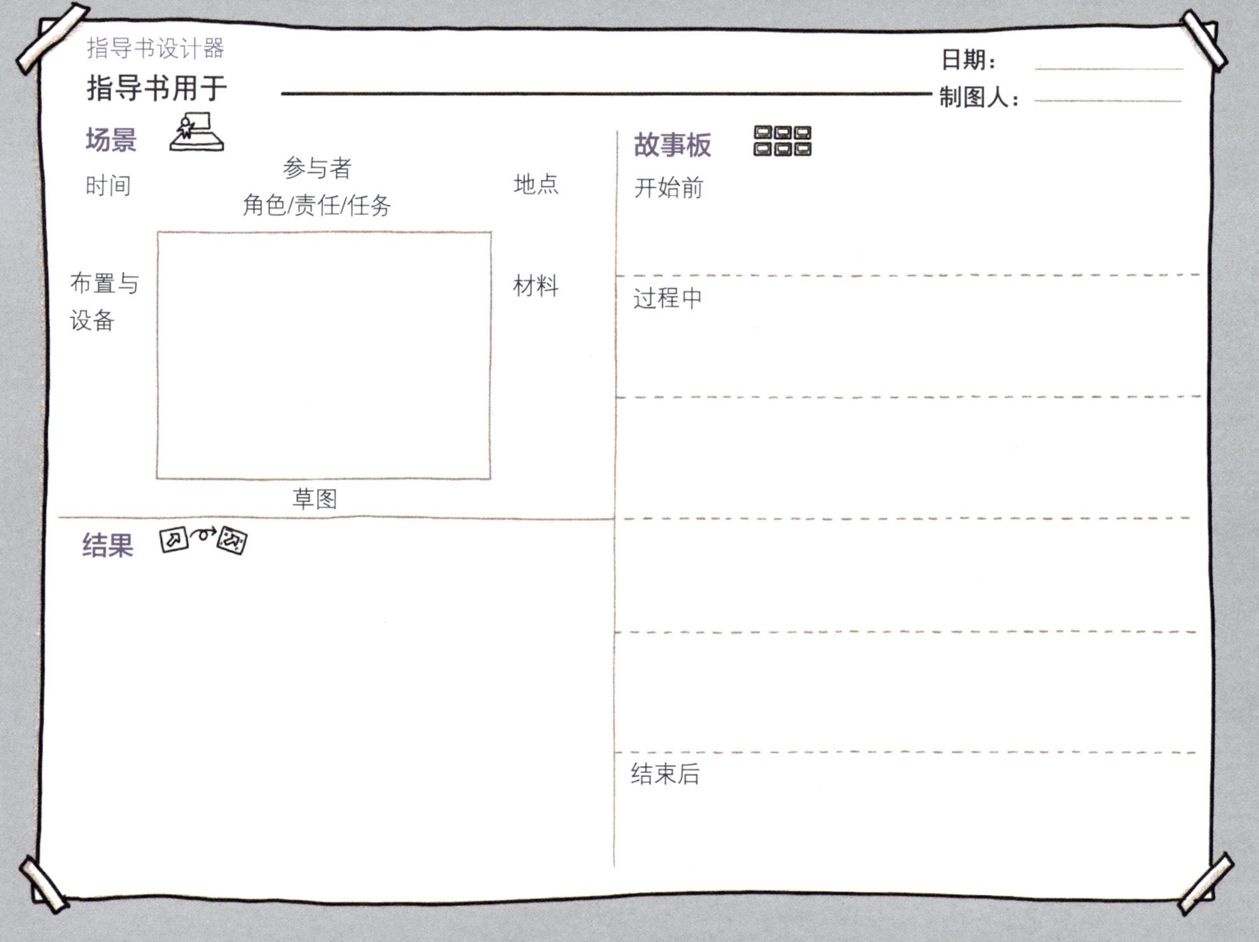
指导书设计器
指导书用于
日期：
制图人：
场景
时间
参与者
角色/责任/任务
地点
布置与
设备
材料
草图
结果
故事板
开始前
过程中
结束后

总结

推广实施：当需要推广实施流程时，有一份完备的指导书尤为重要。完备的指导书具有一定的自由度和灵活度、身份感和即兴发挥的空间。

按以下步骤设计指导书：

- 勾画出场景
- 把期望的结果视觉化
- 创建故事板
- 创建时间表

指导书设计器：使用指导书设计器构建指导书的内容。

你和同事会为哪些流程制作视觉指导书呢?

6.
促进团队学习

促进团队学习

目的：为你提供视觉协作的理论依据

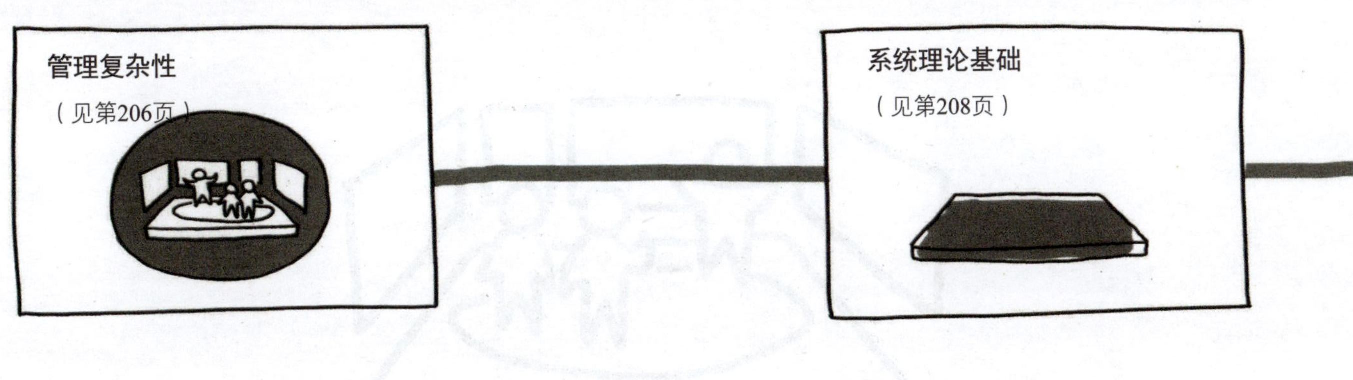

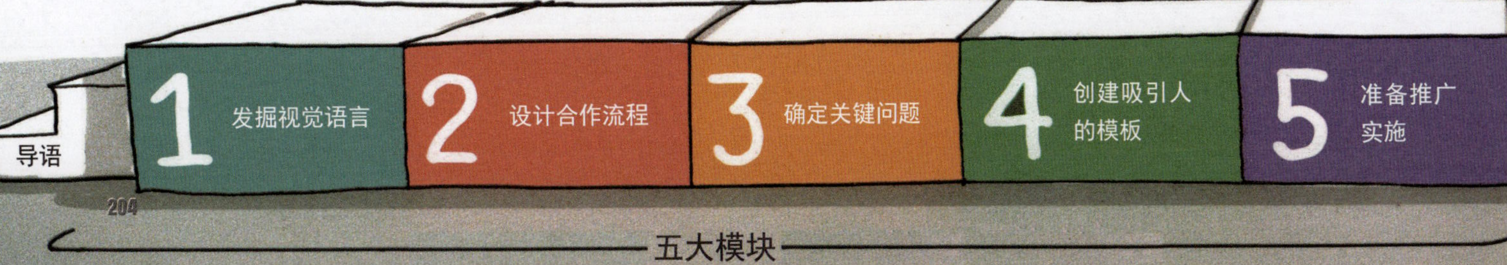

模块6

目标：把视觉协作植根于一个紧密的理论框架

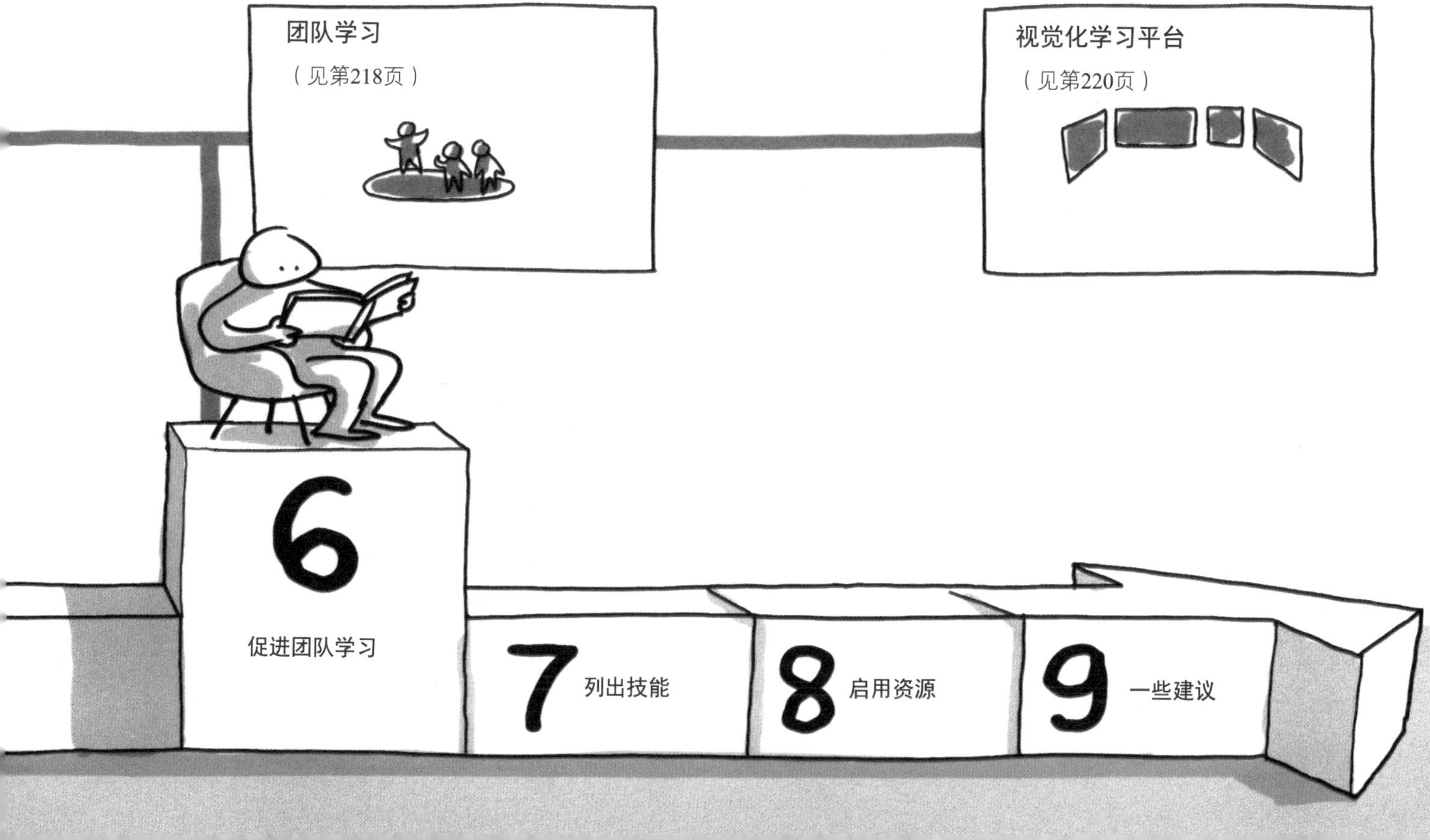

团队学习

（见第218页）

视觉化学习平台

（见第220页）

6 促进团队学习

7 列出技能

8 启用资源

9 一些建议

管理复杂性

前面5章向你描述了如何在工作中更多更好地运用视觉化的实用方法。本章提供了支持前5章的理论依据。这里解释了为什么我们作为丹麦“Bigger Picture”公司的负责人，会去做这些事情。而且无论你的公司规模大小，我们都可以指导你采用更加视觉化的方式工作。我们把该视觉工作方式称为系统视觉图像法。

当我们以视觉方式工作时（无论是独自一人还是与人合作），我们用图像和文字来表达世界。我们建立了可观察与解读的资料。当我们在社交过程中运用视觉图像，我们运用该流程时会特别关注各个局部，及其相互关系和所有事物结合在一起的方式。系统视觉图像法是用于处理复杂性，以使其变得易于管理的一种方法。

系统视觉图像法基于一整套基本系统理论假设，关注团队学习，并试图把开展社交流程的地方变为视觉学习平台。

我们所参与的大多数专业流程都是关于理解和表达发展、挑战、机遇或变革。然而，世界的复杂性和不断加快的变革步伐，使得想要掌握事物的全部几乎成为不可能。这就需要在更大的图景中做出决策。因此，在本章中，我们将介绍一些概念，这些概念将指导我们如何与他人和组织合作，并帮助我们理解如何在复杂的组织和系统中运作。

3. 视觉学习平台

我们设计用于激发团队学习、知识分享和系统理解的现实环境。视觉学习平台由布局、道具和视觉模板共同构成。

2. 团队学习

我们将集体性引入学习概念，并着重于团队而非个人。

1. 系统理论基础

一套用于指导引导师推进流程和引导参与者的系统理论假设。

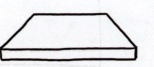

视觉学习平台
团队学习
系统理论基础
系统视觉图像法

系统理论基础

社会系统

从基于尼古拉斯·卢曼（Niklas Luhmann）理论的系统角度来看世界，社会系统是我们在世界上存在的核心。

系统理论将人视为生物和心理系统共同组成的单元。生物系统创造并维持生命；心理系统创造并维持意识；社会系统创造并维持沟通。

所有这3种类型的系统的产生都由其组成的元素构成，分别是细胞、思想和交流。它们各自封闭，彼此之间互不了解，但是仍然可以利用彼此的资源。大脑的资源是心理系统在创造意识中使用的神经元。心理系统的资源是思想，它通过交流输入的形式影响社会系统。人们彼此接触的方式是通过第3种系统，即社会。

所有人终其一生中都会接触到各种各样的社会系统：家庭、学校、朋友、休闲俱乐部，同事团队或整个工作场所。卢曼把社会系统分为3种：互动系统、组织系统和整体社会系统。

互动系统：当我们引导流程时，会与在特定时间、地点聚在一起的人接触，与社会系统打交道。

组织系统：当我们把组织战略、工作方法或项目视觉化时，所代表的是基于社会系统的通过团队交互实现的组织决策程序。

整体社会系统：由于整体社会系统包含着所有可关联的沟通，且无比复杂，因此我们并不直接与其打交道。

3个系统

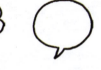

生物系统
通过细胞创造并维持生命

心理系统
创造并维持意识（思想、感觉、想法）

社交
创造并维持沟通

3种社会系统

互动系统
人们在特定时间、地点聚集

组织系统
成员及其决策程序

整体社会系统
所有可以关联的沟通

社会系统

在社交系统流程中，作为引导师必须同时与你所发起的互动和所激活的社会系统建立联系。例如，当邀请某组织成员团队进行战略对话时，我们知道这些人不会以同一方式进行沟通。某位管理者不仅代表了一系列与互动沟通有关的胜任力和个人特征，还代表了其所在的管理系统，其沟通方式具有的特定结构符合管理层的预期。这同样适用于代表组织中不同系统的不同职能部门的员工。

销售部门的员工建立了以是否形成销售为重点的沟通视角，该员工同时也可以被指定为员工代表，并就员工是否满意进行沟通。我们需要构建战略的共同图像或设计战略对话，以使得后续工具的互动在组织的各个社会系统中有意义。

系统视觉图像法是让社会系统成为我们选择的对象。当我们可以视觉方式沟通时，我们会注意到谁在说什么。我们需要知道在流程中的哪些声音没有展示出来，而哪些声音则可能被过度展示。由于决策及视觉图像在互动中看起来近乎理想化，因此设计完好并具有优秀视觉效果的流程，很容易受到流程参与者的钟爱。但它们必须也要让不在场的同事产生共鸣，才能在会议团队之外发挥作用。

五大模块中的每个模块都在设计时考虑了在流程中激活的社会系统。例如，模块2中的10个流程问题和相关工具，其设计确保了接下来的流程是需要互动的一个或多个社会系统。

沟通

社会系统是由沟通组成的。其产生及功能在于沟通彼此相互连接。

例如，在会议中，某位参与者发言后，另一位随后接上，则社会系统的互动正在以轮流沟通的形式进行。通常，我们说“我在沟通”，而在系统理论中则表达为“沟通在沟通”。沟通可以就其本身（与人分开）进行观察，但却自然而然地会受到启动该沟通的想法和意识的影响。

沟通是如何沟通的？一个想法接着另一个想法，然后再带出一个新的想法，该想法受到某人所见事物的影响，然后又引出了一个新的想法。这也是我们看待沟通的方式。先沟通了某件事，接下来的沟通建立在最初的沟通之上，然后成为下一个沟通的基础。根据卢曼的观点，沟通是一种连锁反应，不断地通过回溯而前进。所以沟通是一种通过自身创造自身的流程。

以视觉方式工作，会使得对沟通的理解变得清晰。这是因为当在同时运用言语、文字和图画工作时，把其中的文字和图画固定下来，可以使得沟通更容易地继续进行下去。并且由于已经将其视觉化，则能清晰地对其回顾以做参照。

系统理论中的一个重要的基本假设是，不能把沟通看作直截了当地把信息从发送方直接传输到接收方的过程，而是由三部分组成的选择流程，该流程包含以下内容：

- 信息
- 信息的表达方式
- 理解

从众多可能中选取的信息　　选取信息的表达方式　　从某人自身观点中选取其含义

在沟通的每个步骤都会进行选择流程。必须从许多可能的信息中选择所需的信息。必须选择信息的表达方式：信息将以口头方式传达吗？是通过电子邮件，还是视觉方式呈现？最后，接收者能如预期的那样理解信息吗？在系统理论中，沟通不仅涉及所沟通的内容，而且还涉及如何沟通以及如何理解。

视觉语言是一种沟通的媒介，可以帮助我们减少需要解读的可能性。除了我们在智能手机上遇到或找到的传统符号和图标外，视觉语言通常不像文字和言语那样受常规解读的影响。以视觉道具的方式进行沟通能够提供更多的支持和细微差异。如果我们以言语、文字和图画等方式进行沟通，就会把含义和期望收集到可用于进一步沟通的术语中。

例如，当在模块1中构建视觉语言时，至关重要的是能够进行迭代工作，以便可以改进我们在工作中理解和使用术语及概念的方式。视觉语言不是静态的，而是动态的，我们需要能够在出现新见解或发生某些变化时对视觉语言进行调整。

示例：是否使用视觉工具方式沟通“流程”概念对比

对方对“流程”这个词语的理解与预期不符。

有了视觉工具的帮助，对方对“流程”这个词语的理解与预期相同。

自我生成

你也许曾作为某个组织的嘉宾，列席过某个会议，会议桌边的每个人都在使用难以理解的表达方式或用“半吊子”话说些你听不懂的“代码”。如果你准备充分，那么跟不上会议很可能并不是你的过错，而仅仅是因为该组织已经自成体系，沟通对于外来者已经没有意义。

“自我生成”的含义是“自我生产或自我创造”。自我生成的概念使得可以将社会系统视作独立且有边界的，并且仅对其环境进行选择性连接。

在确定关键问题模块中，有一系列关于引导和视觉图像的问题，可以帮助你让团队使用视觉道具来展示他们所表达的意思。通过定义和决定团队如何理解某个概念，他们选择并界定某个特定的“事物”而非其他。当他们以视觉方式执行此操作时，就需要具体化，这通常能让外来者更容易理解。

在许多组织中，战略计划是自我生成的极佳例子，尽管经过了精心准备，该文档却也许只对某个专门的小团体才有意义。

它通常指向由客户关系、竞争对手或市场趋势的矩阵来体现的外部环境，以及如技能开发或生产开发之类的内部条件。由于它是由管理团队独自创建的，因此对于普通员工来说，通常很难理解和实施该文件。

但普通员工也是组织中子系统的一部分，如项目单元。那里也会自成团体。项目单元通过描述哪些属于项目责任范围内，以及哪些属于项目责任范围之外来界定自己。因此，项目单元根据其环境进行自我标注。

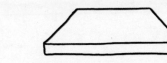

这样的选择与界定过程对于任何引导师来说都是重要的倾听焦点，因为这些持续的自我描述通常带有内部理解的含义。当把对其含义的归纳变得清晰可见后，可以帮助系统通过对自身形象的识别来有意识地塑造或重塑自身。

例如，如果你正在使用本书中介绍的战略模板，则模板中的各种结构化元素将帮助管理团队以新的方式观察和阐明其战略。对于外来者来说，仍然很难解读。管理团队需要注意模板旨在服务于什么功能、服务于谁，以及模板对其接收者的可理解性。

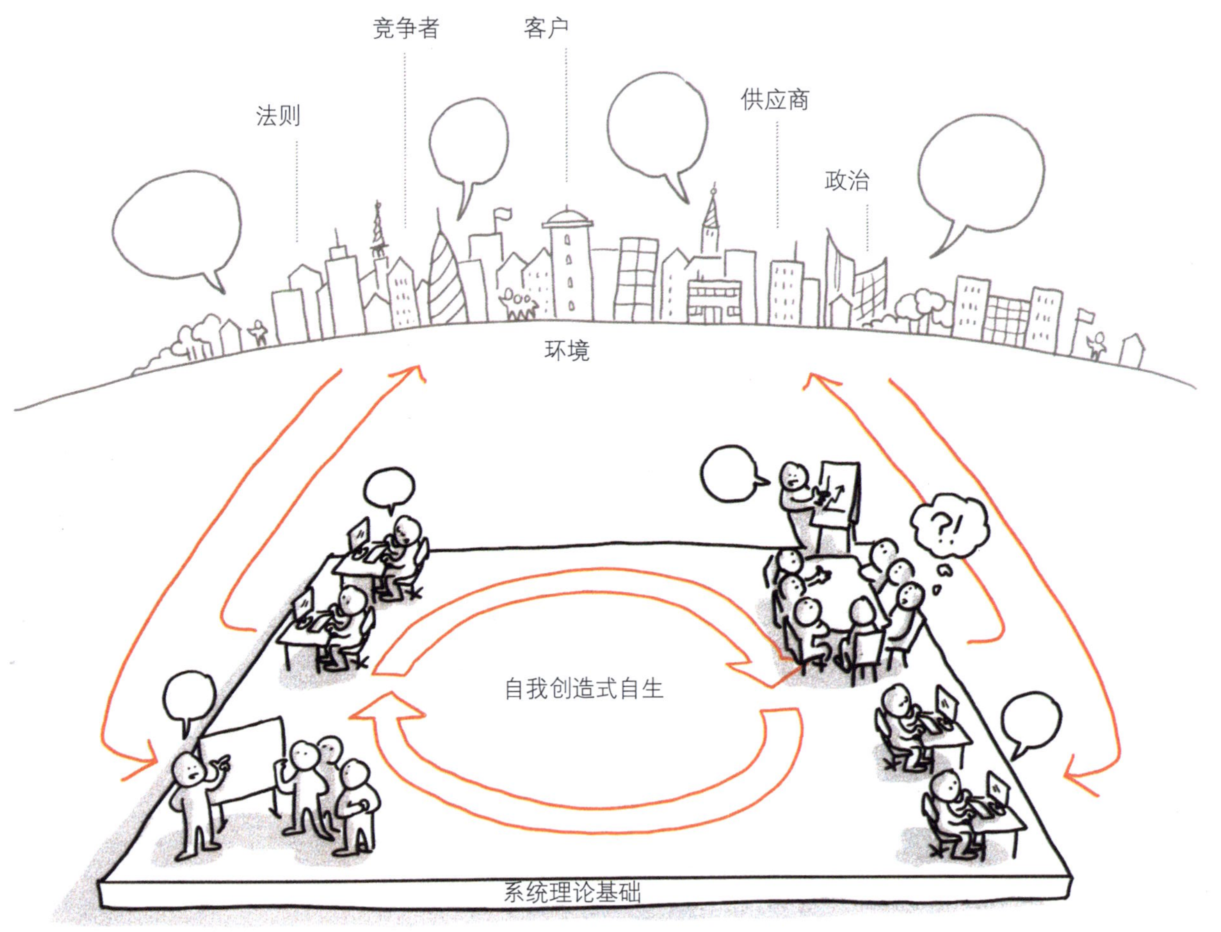

模式： 社会系统及自我生成

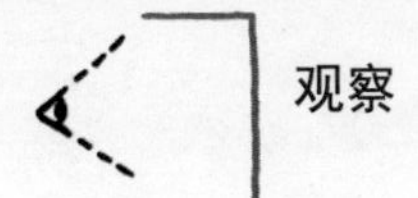

观察

作为视觉引导师，你的角色是帮助参与者看到他们的流程，并在需要时引导大家修正视角。

我们孜孜不倦地致力于把流程目的与我们的观察方法紧密相连。

在构建流程目的时，我们会指出我们所观察到的，与此同时，也会指出我们未观察到的。

自我观察社会系统对于系统视觉图像法至关重要。任何通过系统视觉图像法开发的组织视觉工具都是通过系统的自我观察而开发的。如果项目团队开发了一种视觉工具来支持会议管理，则该工具只有在能够通过自我观察引导团队朝着更好的会议管理方向发展时，才会创造价值。只有当团队定义了他们如何观察和理解优秀的会议管理时，才有可能开发这种工具。

模块2的建立很大程度上是为了帮助系统观察。

通过运用我们的观察，了解到被我们排除在外的东西，从而专注于我们实际上所观察的东西。

这意味着我们非常清楚地从视觉上定义了在给定社会流程框架内的内容，同时澄清了所选择框架之外的内容，以及因此将不纳入工作范围的内容。有些事情无法从我们的观察中知道。因此，我们的观察存在固有的盲点。有些事情我们知道自己不知道，有些事情我们不知道自己不知道。

从这个意义上说，我们从不使用“整个更大的图景”，而始终使用“一个更大的图景”。任何团队、组织、部门或项目组都有大量可能的图像可以显示其整体，但没有哪个可以显示全部。

整体将始终依赖于观察，即依赖于如何观察、何时观察，以及由谁或由什么来观察。

当项目团队要创建视觉工具以使其能够在整个组织中运行时，他们需要能够注意到自己的自我观察和对组织（环境）的观察。同时，项目团队必须了解其观察结果是基于对包含和排除的选择，并且这些选择对于该团队观察结果的形成是有影响的。

这种方法降低了该工具仅可用于项目团队本身的风险。项目团队本身就是个系统，具有自己的含义属性和逻辑。如果要与组织中的其他人成功沟通，则该团队必须自觉地进行自身的自我生成，例如，通过观察自身与组织的异同进行研究。

笔和纸是很好的工具，可以帮助团队成员查看流程的每个阶段。这可以帮助团队通过自己的视角了解自己。

观察不仅是让社会系统看到新事物、其他事物或更多事物，而且是在挑战他们的观察方式，并为其提供新的观察方式。

示例： 项目团队在尚未开发会议模板前，假想他们的同事将如何接收会议模板

项目团队创建一幅图画，以向他人（项目团组之外的人）展示使用待建立的会议模板。项目团队在着手以下问题：

- 为什么我们的同事需要会议模板?
- 我们的同事是怎么介绍今天的会议组织的?
- 当他们使用新的会议模板开会时，他们又会怎么说?

系统理论基础

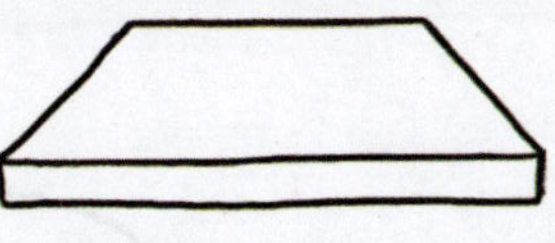

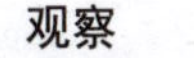

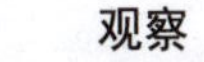

系统理论核心概念

社会系统

互动、组织和社会都是社会系统。通过限制沟通的进一步可能性，它们由从外界环境中区分出来的沟通组成。

沟通

沟通是通过自身创造自身的过程。沟通是由三部分组成的选择流程，把信息、消息和理解结合在一起。

自我生成

每个系统都是通过自身创建的，并且仅按自身选择去吸纳和忽略环境的影响。

观察

观察的过程就是界定的过程。选择要观察的内容，同时也选择要忽略的内容。在观察过程中，需要有位观察者来定义如何观察事物。

视觉协作

社会系统：

- 可以加强自我保护的社会系统
- 可以协助社会系统的观察
- 可以协助社会系统的学习

沟通：

- 可以通过言语、文字和图画来赋予沟通以细微变化
- 可以为沟通定向
- 可以使沟通可观察

自我生成：

- 可以澄清关闭与自我参照
- 可以克服沟通中的障碍

观察：

- 是一种观察工具
- 可以帮助团队指引自我观察

团队学习

根据系统理论，通过关注团队及其沟通内容，我们可以把学习理解为集体流程，而非个体流程。

知识在运用时，才有价值。要在瞬息万变的世界中生存，靠的不仅是知识和经验，而是不断获取知识并加以运用的能力。这对任何个人、团队和组织都一样适用。

根据系统理论，团队学习有别于个人学习。

如右图所示，作为教育者、引导师或管理者，我们可以选择关注每位参与者的学习，或者关注团队学习，换句话说，专注系统中所沟通的内容。

团队学习总是取决于其自身的复杂性，以及构成团队整体的周边环境的复杂性。团队学习需要把各种知识组合保留下来，且随着团队与环境联系的变化而变化。

因此，社会系统的学习可描述为自我生成过程。即通过沟通，社会系统自身会根据团队与环境的联系来积极地构建知识。在这种结构中的学习方式，是有别于个人学习的。

在这里学习是集体的自我生成过程，其复杂性随着沟通不断提高。因此，为了支持和管理日益增加的复杂性，与所沟通组织的合作就非常重要。我们可以通过口语表达来定义主题、层次结构和关系，解决这个问题。

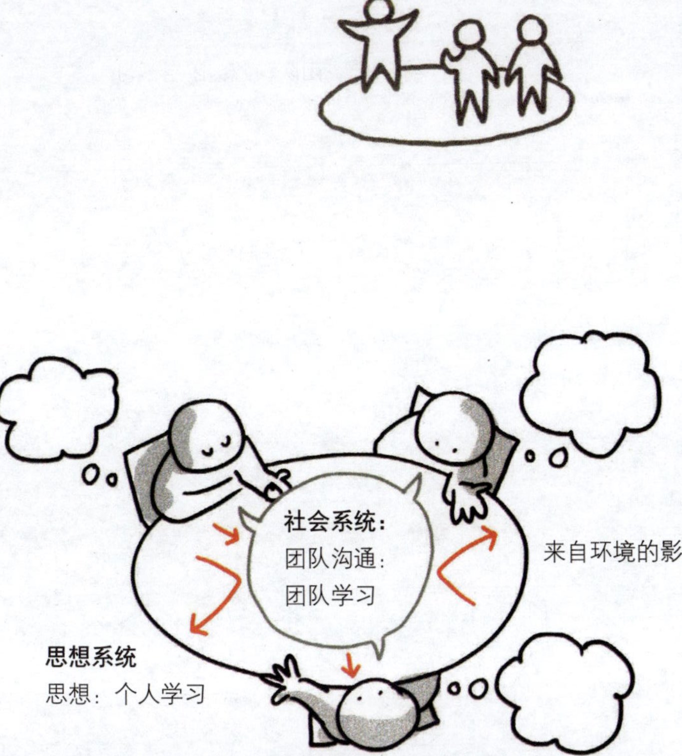

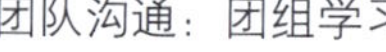

团队学习

关注点从个人转移到团队，并以沟通内容为中心。团队学习需要把各种知识组合保留下来，且随着团队与环境联系的变化而变化。

使用组织过的语言沟通

主题是预先定义并按相互关系摆放的层次结构，用以应对团队学习过程中复杂性的增长。

例如，当在战略会议中讨论以下3个主题时：

- 我们当前所处的状况有哪些特点？（A）
- 我们将来想成为什么？（B）
- 我们面对什么挑战？（C）

视觉学习平台

视觉学习平台是由视觉模板、布局和用以支持团队学习、知识构建和系统理解的元素组成的。

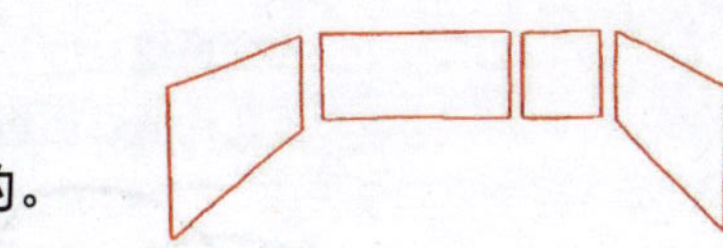

系统视觉图像法的第三层，也是最后一层是视觉效果。简而言之，视觉学习平台是可以书写或绘图的平面，例如，一张纸、一台平板电脑、一块白板或一张活动挂图。如果你在某次会议中为自己记笔记，那么原则上可以说你正在创建自己的学习平台来支持自己的思考。但由于我们所专注的是团队学习，因此在这里我们将关注共同创建的视觉学习平台。视觉学习平台是可观察的视觉材料，可用于进一步沟通，以确保其中的知识可以保留并改变。有效的视觉学习平台运用视觉结构、模型、符号和图标，显示需要按层次结构及其相互关系摆放的知识。该平台是通过使用文字、言语和图画的沟通共同创建的。

正如第4章中所示，学习平台可包括议程、项目概述以及收集新输入的3种模板。每种模板都通过把沟通的某些部分主题化，以帮助管理内容，并在现实和思想层面对其进行指引。

视觉学习平台是激发和支持团队学习的一种方式。学习平台可以包含多种模板，每种模板都以自己的方式满足其目的。如果你和同事正在运作时间跨度较长的项目，那么优秀的学习平台可以让你随时进出流程，并在上次中断的地方迅速上手。结构化地使用学习平台也是邀请新加入的参与者进入流程的有效手段。他们可以快速查看过去发生了什么和现在的状况，从而更好地了解他们可以从哪里入手，以及如何做出贡献。

用文字、言语和图画进行沟通

通过使用文字、言语和图画进行沟通，可以减少接收者误读的概率。我们将含义和期望抓取到概念中，以用于进一步的沟通。

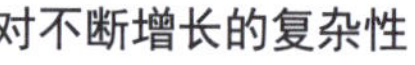

应对不断增长的复杂性

运用文字和图画结构化地管理沟通，可以确保有效控制团队不断增长的复杂性。视觉学习平台激励并支持团队学习。

视觉学习平台实际应用

使用平台前

现场准备好用以绘图的挂纸或以模型、演示文稿等形式呈现的前期沟通内容。准备好白板和投影仪。

使用平台过程中

参与者以文字、言语和图画进行沟通。关键点得到总结，沟通以共创的方式进行。每位参与者通过与其他参与者的互动来影响、塑造和重塑沟通。参与者来回移动，以视觉方式展示个人和团队学习。

使用平台后

流程负责人负责关闭学习平台，并确保定格下来的沟通在团队下次回顾或调整时，能易于理解，并可以将其发送到外部、新系统或另一个部门、团队或组织。

总结

系统视觉图像法是以视觉协作的方式，把社交过程概念化，并加以运用的一种方法。系统视觉图像法是一种运用视觉方式工作的特殊方法。

复杂性管理：系统视觉图像法是用于应对复杂性，以使其可以管理的一种方法。

系统理论基础：在系统理论的基础上，我们运用4大核心概念，即社会系统、沟通、自我生成和观察。

团队学习：我们关注团队学习，而非个人学习。依靠系统理论，我们可以使用经组织过的语言沟通。

视觉学习平台：我们通过学习平台支持和激发团队学习，从而可以管理更高水平的复杂性。

你想为哪些工作创建视觉学习平台呢？

7.
列出技能

列出技能

目的：介绍视觉协作的 8 项核心技能

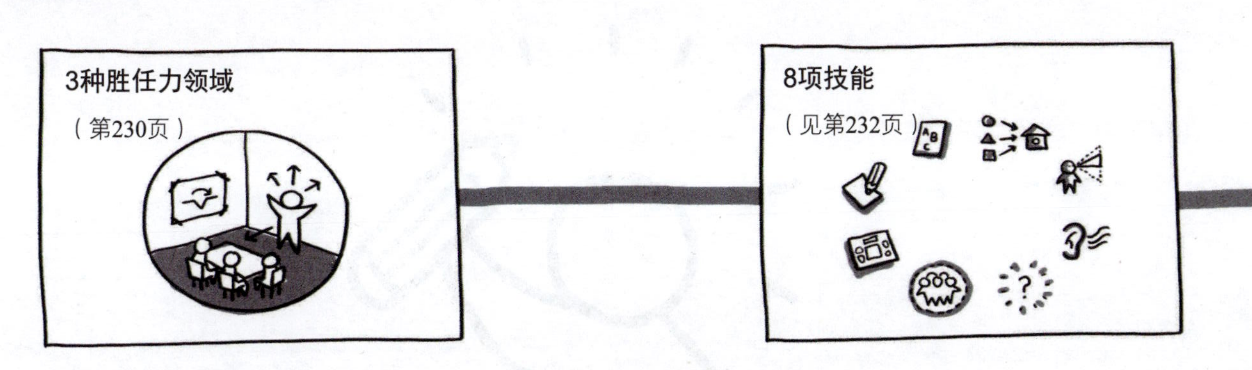

模块 7

目标：了解视觉协作的技能以及如何培养

工具：技能转盘

（见第242页）

6 促进团队学习

7 列出技能

8 启用资源

9 一些建议

3种胜任力领域

我们发现了当使用以视觉方式引导、准备或做其他工作时，必须熟练掌握的3种胜任力领域。

系统胜任力

提升系统理解、创建及展示相关情境和整体的能力

引导胜任力

感知团队并帮助其找到前进道路的能力

视觉胜任力

运用和创建视觉及书面材料来创建共鸣的能力

8项技能

我们从3种胜任力领域里分别选取了一系列实践技能，以供你在改进视觉工作方式时练习。

视觉胜任力
书写
能够将流程内容转化为清晰、简洁且易于阅读的文字
ABC
abc
结构化
能够以清晰的视觉格式设置数据、信息和知识
绘图
能够将流程内容转化为有意义、简单且全面的草图和图画
系统胜任力
整合
能够分析、提炼知识，并将其组织成有意义的相关情境
系统理解
能够使用预先定义的整体及其各组成部分进行持续互动
倾听
能够积极、专心地倾听
恰当地提问
能够找到、构思并提出恰当的问题
团队理解
能够将自己置于他人的位置，并关注团队、激励团队以及与团队互动
引导胜任力

团队理解

从他人的视角观察、感知团队，激发团队并参与其中。

为什么？

团队的相互作用非常重要，会影响到团队的成就。当团队成员各自感到自己是团体的一部分时，团队的合作和共同学习的能力就会增强。这发生在每个人都被看到、被听到和被理解时。如果你可以对此加以引导，那么将为你们的共同工作和你作为引导师的权威性奠定良好的基础。如果你可以同时表明自己了解团队的需求，并以结构化的方式与他们合作，那么这将反映在你的视觉学习平台中，并引起参与者的共鸣。

付诸实践

- 准备充分，并对参与者是谁以及他们认为重要的事物有切实的认识。
- 看到个人和团队处于平衡的互动中。
- 不会让单个参与者的需求凌驾于团队的需求之上。
- 能感知团队运作出现障碍，并采取相应行动。

恰当地提问

找到、构思并提出恰当的问题。

A、B和C互相是怎么联系的？

为什么？

恰当的问题可以促进对话和创新。作为引导师，重要的是要善于事先准备和当场提出恰当的问题，并且知道在何时、以何种方式切入并询问参与者是否有其他问题。在给定的流程中，问题为需要讨论和视觉化的内容创建了框架。有些问题是开放式的，此类问题鼓励探索和研究新知识。封闭式问题则会驱动决策和结论。问题的质量决定了其所创建对话的质量，从而决定了视觉化的内容。提出不恰当的问题可能会使流程偏离既定方向，把某人排除在对话之外，或破坏你作为引导师的权威性。善于分析一系列问题，确保所有问题的结构合理，且能按有效率的顺序提出，并在流程进行过程中识别和提出正确的问题。这是一项非常有价值的技能。

付诸实践

- 能设计、构思和组织恰当的问题。
- 知道哪些问题可以使每个人都对特定主题保持关注。
- 询问并吸纳来自参与者的问题。
- 专心构建问题。
- 知道何时用问题来开启或结束对话。
- 能看出哪些时候不适合提出问题。
- 使用问题来引导团队互相倾听、转换视角并得出他们自己的结论和有用的结果。
- 知道一系列适用于不同场景的问题，并且有经验可以有意识地使用它们。
- 知道哪些问题最适合说出来，哪些问题最适合用模板中的文字展示。

倾听

积极而专注地倾听。

为什么？

当你积极地倾听参与者时，你可以同时从个人和团队两方面对其了解。然后，你可以提出与他们特别相关的问题。当你积极倾听时，是在向参与者展示认可和尊重，而这在你想要得到他们在流程中的参与和贡献时尤为重要。通过倾听参与者，你会获得更多知识，并了解他们将要讨论的内容。这就是创造有价值的视觉效果的原因。

付诸实践

- 准备充分，知道该倾听什么，因为你了解流程的情境、目的和目标。
- 关注参与者：谁在说话，他们在说什么，他们在强调哪些词语，以及如何使用肢体语言。
- 把自己内在的批评者和顾问角色搁置起来，并以开放的心态聆听。
- 用肢体语言、手势和简短的口头确认（是的，好的，啊哈）表明你正在将注意力集中在说话的人身上。
- 偶尔重复所听到的内容，让参与者点头以确认你理解了他所说的内容。

书写

将流程内容转化为清晰、简洁和易于阅读的文字。

为什么？

在用视觉方式工作时，重要的是让他人能够阅读并理解你所写的内容，包括你预先创建的材料，在流程过程中所创建的内容，以及在流程后期所产生的内容。构思完善且清晰易读的文字，对知识共享和参与至关重要。

付诸实践

- 准备充分，并在流程开始前运用书写技巧准备学习平台，以使得参与者可以感到受到欢迎并有所期待。
- 能够将长句缩成短句，并保留精髓。
- 书写是引导过程中很重要的部分。流程的所有相关内容都编写为单词和短语。
- 通过把参与者的输入编写成文字，来显示倾听与理解。

绘图

把流程内容转化成有意义的、简单且全面的草图和绘图。

为什么？

绘图是支持理解和对话的沟通工具。你绘制出想到的事物的过程，也是澄清的过程。有些事物可以呈现在纸上，有些则不行。这种视觉选择为你和参与者提供了反思的机会。快速、未完成的草图促使参与者做进一步的思考，并和你一起绘图。当我们在流程中勾画与绘图时，我们是在与参与者一起尝试、探索并澄清主题。

付诸实践

- 在流程前期，做出构成你所要讨论的内容框架的视觉模板。
- 在绘制过程中，画出一些小插图来展示细节和大体的视觉概念，给人共同理解和共同体的感觉。
- 使用草图工作，并且不怕犯错。
- 在流程前期、流程过程中和流程后期，创建视觉语言，并根据流程的主题进行定制。

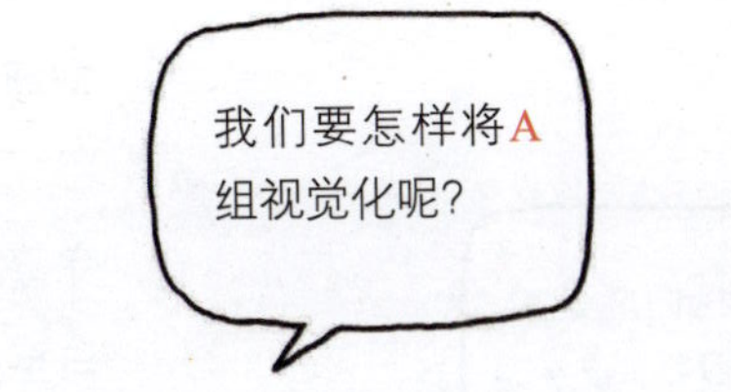

我们可以把流程划分
为如下4个步骤吗?
是的!
我们的旅程
指导参数
A
B
C
D
流程
目标

结构化

以清晰的视觉格式放置数据、信息和知识。

为什么?

合理的布局可以帮助眼睛尽可能轻松地跟随视觉材料。必须容易地看出哪些是属于一类的、事物发生的次序以及各个元素之间的相互关系和层次结构。合理的布局可以指示清晰的阅读方向，并支持“读者”正确使用视觉工具。

付诸实践

- 准备模板和指导书，以便参与者易于使用。
- 规划形状、尺寸和颜色用途，以便在流程过程中易于看出模式和相关情境。
- 使用透视图可以使眼睛平稳，并提供流动感、运动感和时间感。
- 在流程中花时间使视觉材料易于引导视线。

整合

分析、提炼知识，并将其组织成有意义的相关情境。

为什么？

整合意味着“放置在一起”，分析意味着“把整体拆开，并查看各个部分”。分析并看出相关情境，设计并创建概览，这些能力在复杂世界中极为重要。当你能够把正在讨论的内容转换成连贯的视觉形式（易于理解，且可以采取行动）返还给参与者时，则为参与者创造了清晰度。

付诸实践

- 倾听并看出哪些属于同类元素，哪些则互不相同。
- 听出讨论进行的层次，涉及哪些主题以及是什么把事物连接在一起。
- 通过总结所要表达的关键点来结束对话。
- 把碎片集合成整体，使其变得对参与者更有意义。

系统理解

与整体及其各组成部分进行持续互动。

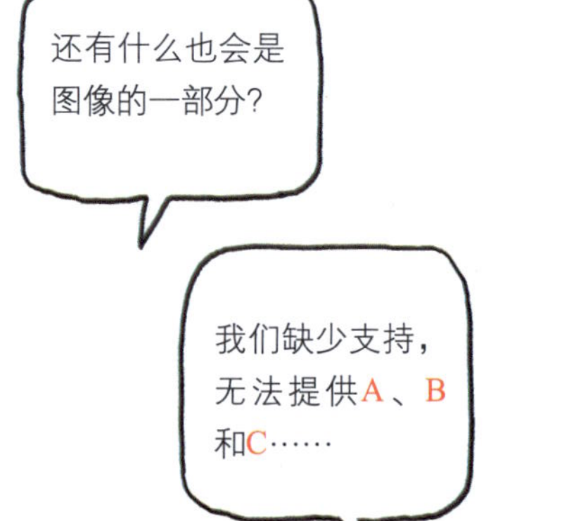

为什么？

系统理解在其核心上与从事社交互动的每个人都息息相关。基于系统理论，我们的基本假设是世界上有许多观点和事实，但没有人能客观地掌握世界。基于此观点进行工作，可以帮助你和参与者理解和管理复杂性。

付诸实践

- 在流程前期做好准备，了解参与者是谁以及将使用的内容是什么。
- 分配时间，并通过提问来邀请参与者采用多种视角。
- 经常退后一步，来体会你所做的内容如何适用于给定情境下更大的图景。邀请参与者也这样做。
- 通过提供包含给定整体的视觉概念，激发参与者放眼全局。
- 提出问题，以使人们意识到潜在的盲点。
- 使用多个版本，并指出没有哪个是已完成的或最终版本。

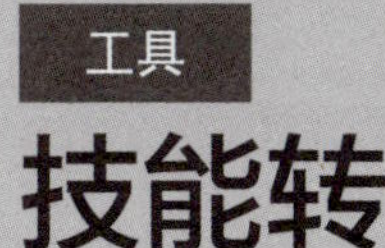

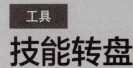

工具

技能转盘

使用技能转盘列出技能资料，并概述哪些技能练习会使你受益。以1~5的等级评估你当前掌握每种技能的程度。

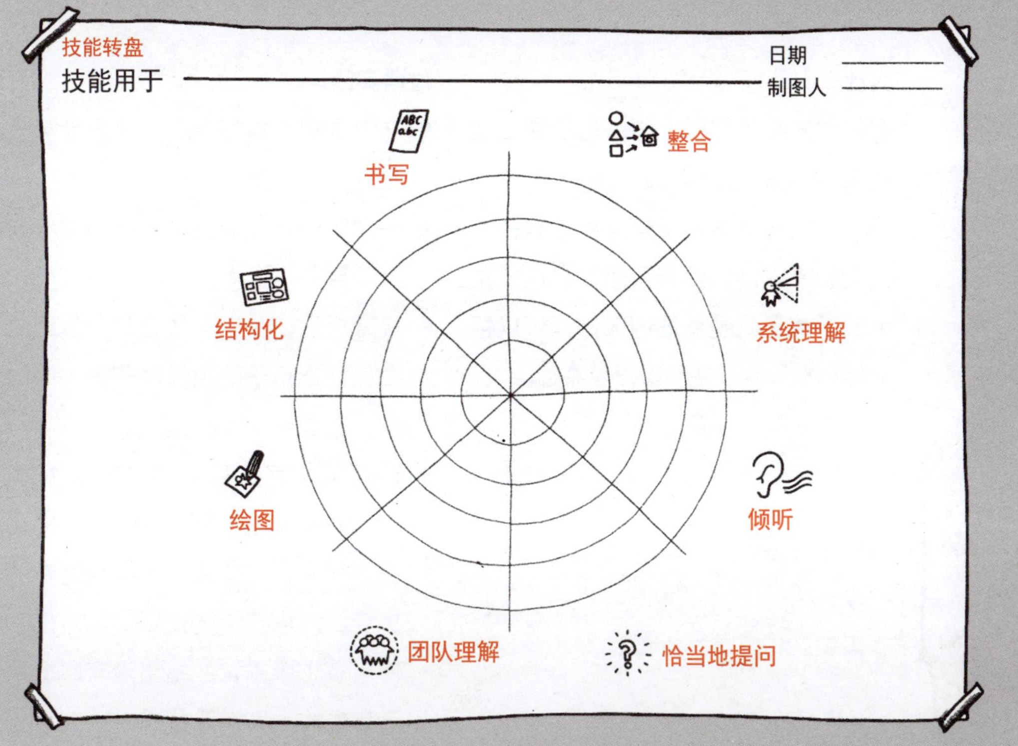

技能资料

技能转盘可以单独或集体完成。推广实施转盘以包括一种或多种个人或集体需要且缺失的技能。

示例

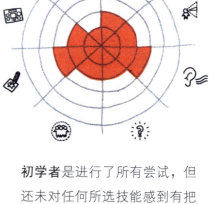

经验丰富的视觉实践者是没有接受过引导能力或系统理解培训的人员。

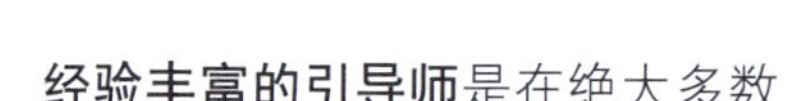

经验丰富的引导师是在绝大多数流程中感觉得心应手，但还没有熟练掌握更多视觉技能的人员。

初学者是进行了所有尝试，但还未对任何所选技能感到有把握的人员。

总结

当你想要更多地以视觉方式工作时，需要掌握的3种胜任力领域：

1. 引导胜任力
2. 视觉胜任力
3. 系统胜任力

如果你想更多地以视觉方式把工作做得更好，就需要练习8项技能：

- 团队理解
- 恰当地提问
- 倾听
- 书写
- 绘图
- 结构化
- 整合
- 系统理解

技能转盘：你可以使用技能转盘来列出你个人或团队的技能资料。

你最需要提升的是
哪项技能?

8. 启用资源

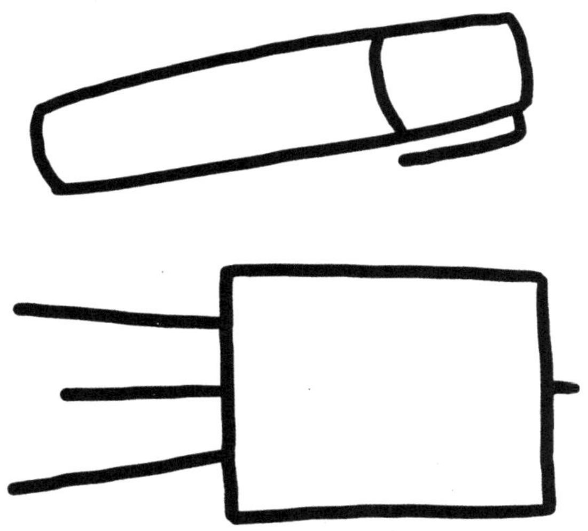

启用资源

目的：向你介绍视觉协作中最重要的资源

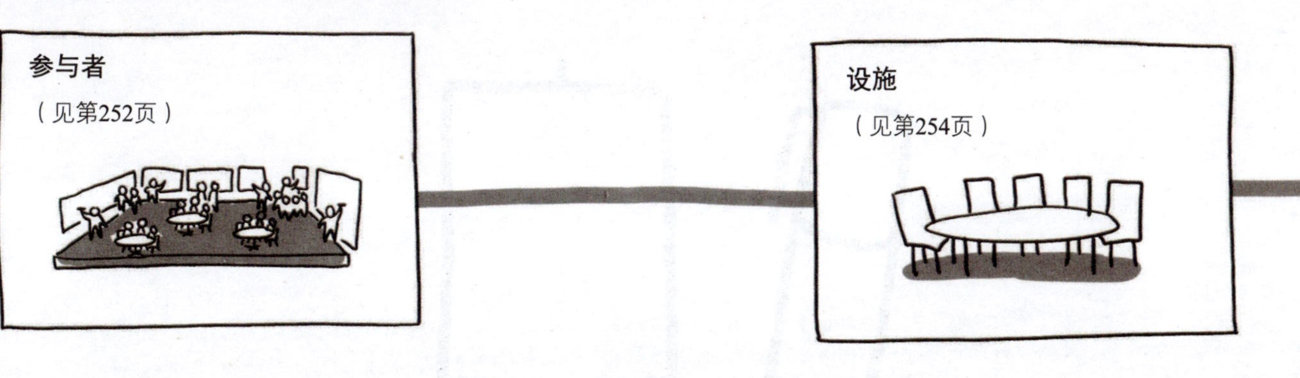

导语

1 发掘视觉语言

2 设计合作流程

3 确定关键问题

4 创建吸引人的模板

5 准备推广实施

五大模块

模块8

目标：你知道如何最好地启用资源

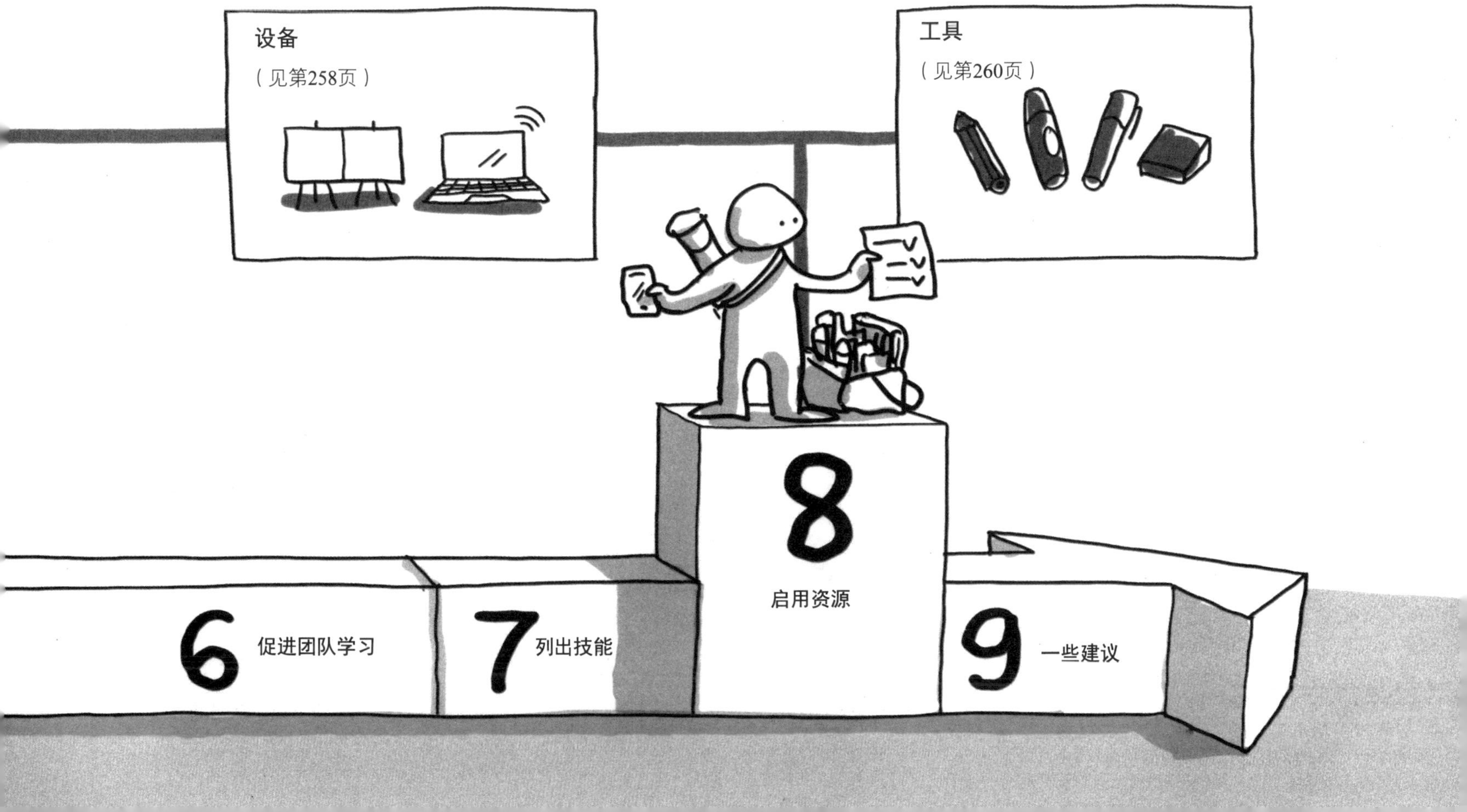

设备

（见第258页）

工具

（见第260页）

6 促进团队学习

7 列出技能

8 启用资源

9 一些建议

资源的选择

所有会议、项目和流程都是不同的，并且对所需资源也提出了不同的要求。参与者是你最重要的资源，没有了他们，流程就无从谈起。所有其他资源，如设施、设备和材料，必须以最能支持参与者的工作和参与以及支持流程目的的方式使用。

无论你是需要引导较小规模的对话，还是设计大型会议，都必须考虑如何最好地发挥可用资源的作用。例如，如果你忘记考虑设施的音响效果，则即使流程计划周全也会失败，因为参与者听不到任何声音。

议程

参与者

通过赋予参与者角色和责任来启用你的主要资源，以便每个人在流程前期、流程过程中和流程后期都可以清楚地知道谁要做什么。以下是在大型流程中使用视觉工作时，最好委派或加以额外关注的角色和职责的概述。

流程负责人

流程负责人对实现流程目标有着特别兴趣。流程负责人有权在流程的所有层面进行更改。因此，流程负责人与流程设计者或视觉引导师之间需要紧密合作，以确保流程目标和实现方式达成统一。

东道主

东道主负责在流程举办地准备相关设施。与你的东道主紧密合作，以建立学习平台。

参与者

在整个流程过程中，参与者可能有许多不同的角色和责任，例如，在演示过程中作为被动的听众，在团队工作中作为积极的参与者，使其知识与他人的知识互动。考虑如何最好地利用参与者的资源，以促进可能的最佳结果。

演示者

演示者拥有与流程参与者和流程目的相关的知识。演示者负责展示参与者可以理解和使用的知识。

团队主持人

团队主持人负责支持团队工作的流程和结果。当你与必须共同创建结果的大型团队合作时，或者你的主题或设计具有很高的复杂性时，请指定团队主持人。

视觉引导师

视觉引导师通过指导性提问和系统视觉图像法，形成并支持团队成员的沟通与互动。

流程制图者

流程制图者收集流程内容中的关键点，并构建流程内容的视觉效果、视觉结构和语言以支持参与者在流程进行过程中看到其内容。

助理

助理掌控着时间、材料、饮食、流程文档及照顾参与者等方面的全局，并要提早为流程做好准备。

技术员

让技术员成为你的新朋友。你能够在需要时，随意在模拟和数字工具间切换是挺不错的。知晓技术员的名字和联系方式。

设施

对所需设施提出要求，因为这是学习平台的支持框架。设施必须支持流程，为参与者提供足够的新鲜空气、良好音效，以及灵活的合作空间来进行讨论和演示。

办公室

如果你希望在日常工作中以视觉方式进行工作，那请安排好办公环境以使其成为可能。使其可以轻松地将纸挂在墙上，或移动桌子以腾出空间用模拟方式工作。

会议设施

当你以视觉方式工作时，空间尤为重要。在为视觉协作会议预定设施时，准备额外的空间是会有回报的。预定一个足够容纳两倍于实际参与者人数的空间，以便有足够的空间可以一起观看、发挥和绘图。使用整个房间，把与内容相关的材料挂起来，张贴会议的计划和目的，以便所有人都能看到，并确保可以随着流程的推进在房间里四处移动。

许多组织尚未准备好像本书所建议的那样以视觉方式工作。请考虑简单、创新的方式来释放空间，以视觉方式工作。在大多数情况下，你只要对布局稍做调整，就可以使其变得可行，然后你就有了所需的环境有效地运用笔和纸来工作。

工作坊设施

工作坊设施的布局通常是灵活的。花些额外的时间来考虑适合你流程的布置。如果你要分组讨论，那最好把每个团队隔开，并在房间里创建一些小的学习空间。这会加强团队参与者的关注度，同时让引导师可以一次概览所有团队，并有机会沿途传递共同的信息。

大型会议设施

大型会议所需空间通常较大，可设计多于50人参加的流程。与工作坊设施类似，其布局也是灵活的。大空间有其优势与劣势。拥有大量空间是件好事，但是流程也会被不良的音响效果或太多的人员所淹没。确保使用合适的技术设备，以便每个人都能听见现场的讲话。大型的视觉活动需要计划到最小的细节。管理数十人参与的团队活动本身就有专门的学问。建议把团队的桌子以讲台为中心靠拢。

桌子的布局

我们在某个空间的就座方式会影响到我们的行为。评估哪种桌子布局最适合你的流程。桌子布局既可以支持组织的层级结构，也可以将其淡化。

会议桌

中间放桌子、周围放椅子的经典布局，确保了所有会议的参与者都可以听到每个人的讲话，看到共同的投影仪、屏幕或白板。

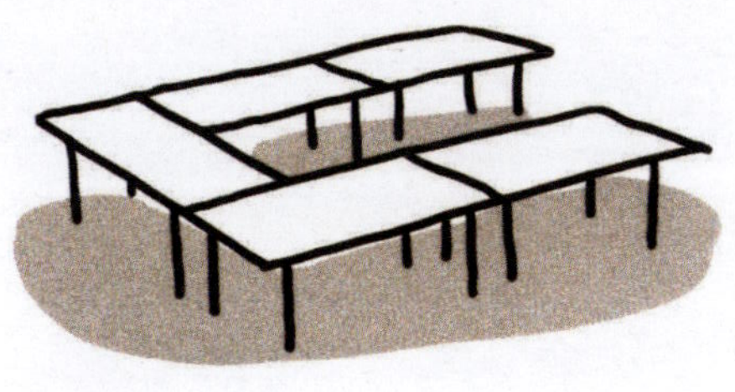

U形桌

参与者彼此面对面坐在会议室中间的形式，非常适合一次只有一名发言人的演示或会议。

氛围

适量的灯光、声音和空气会影响参与者集中注意力的能力。餐饮和休息次数也是如此。

照明

如果要让参与者能够看到他们所绘制的东西并互相展示，那么在设备中准备良好的照明就很重要。 确保携带备用光源。

声音

尽力准备具有良好音效的设施，以便参与者可以轻松听到正在讲述的内容。安排好流程，使参与者在安静、对话、公开交谈和音乐之间进行切换也是很好的。

团队分组桌

团队分组桌能引导参与者关注团队工作。在这里，参与者有很好的机会深入团队工作，同时仍然是整体的一部分。

直排桌

如果参与者坐在排成一排的长桌旁，面对设施的一端，那么你的布置是为了单向沟通。但也可以用于拥有2~3名参与者的小型团队。

仅保留椅子

如果设施中只有椅子，并且你计划让参与者以视觉方式协同工作，那请为每位参与者准备一张活动挂图，这会让每位参与者与旁边的人进行视觉反思。

空气

缺乏足够氧气的空间会耗尽参与者的能量和专注力。如果设施太冷或太热，参与者就很难有效地工作。注意保持适宜温度和空气的流通。

食物

我们的大脑需要营养。一整天的聚精会神和专注需要额外的营养。在需求出现之前提供水、水果、茶、咖啡以及健康的小食品可以让参与者保持头脑清醒，营造出轻松的氛围。

中场休息

在合适的时间或在参与者耗尽专注力前休息是非常有益的。在工作形式之间进行切换时，请稍事休息，并为反思或休息创造空间。把流程分段，让会议充满活力。

设备

如果你想更多地以视觉方式工作，就请不要在设备上过于节省。以下是你通常应该拥有的设备概览，以及支持有大量参与者的大型流程或在全球团队工作时会使用到的设备。

模拟设备

白板

白板是用于绘制草图的灵活工具。如果你定期地以视觉方式工作，这就是一件基本设备。白板有各种样式和尺寸，从很小的（小于22cm × 28cm）到很大。使用油漆可以把任何平面变成一块可用的白板，还有使用可回收材料制作的白板。

可移动墙壁

如果在设施中没有足够的墙壁空间，那么也许有必要准备可移动墙壁，也可以在团队工作时用作隔断，或者拿到开阔地使用。有了可移动墙壁，意味着你不必让活动受限于已有的设施。使用可移动墙壁，你总能够建立最适用于你的流程的学习平台。

活页挂图

活页挂图是在小型团队工作流程或者短程会议中使用的很好的工具。它们易于移动，在多数组织中也容易找到。

数字设备

平板电脑

如果每天都要做视觉沟通，那么平板电脑是必不可少的。它可用于预先设计模板、收集流程，以及与他人一起当场绘图。有许多不同的平板电脑，其价格与功能也不同。寻找足够简单的软件，使你无须学习复杂的绘图软件就可以上手。

照相机

现在，大多数人的手机中都装有高性能的相机，用它来记录流程。特别要记住，要为已完成的团队模板和其他完成的材料拍照。如果你经常引导流程，或绘制许多白板草图，则能够拍摄高分辨率图像的相机是不错的投资。

投影仪

当你需要与很多人共享信息时，投影仪是有效的工具。当要演示用于团队工作的模板、浏览当天的视觉议程或展示整体的复杂图像时，请使用投影仪。

大型多点触控屏幕

大型数字白板使得几个人可以在一起绘图、书写和组织信息，而不必局限在同一间办公室或同一国家。这些屏幕仍然很昂贵，且使用前需要培训。但是，当它们工作时，对模拟会议和虚拟会议都非常有效（且将越来越有效），从而节省时间、减少二氧化碳排放，以及节约机票费用。

工具

优质的新工具使你可以自由地专注于重要的事情。尝试不同的工具，并使用最适合你的工具。

细头黑色马克笔

用于以较小的格式书写和绘图，例如，在个人反思工具、笔记本或便利贴上。不要使用圆珠笔，因为很难在稍远距离和照片中辨别。

中头黑色马克笔

用于活页挂图和模板上的文字和图画。当参与者书写紧密，而未给冗长而细密的句子留出足够空间时，可以帮助他们提炼关键点。

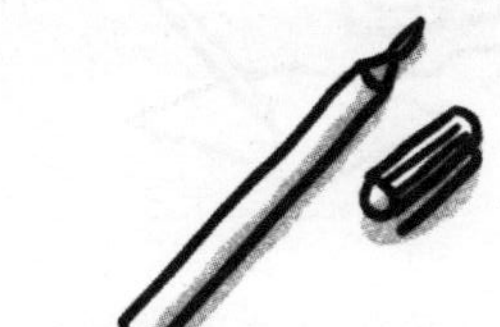

灰色刷头笔

用于创建简单的阴影，并在文字和图画中构建深度和透视图。

粗头彩色笔

不同色彩可用于颜色编码。在做引导时使用，在团队工作期间把它们放在团队桌上，并指导参与者按颜色编码使用。

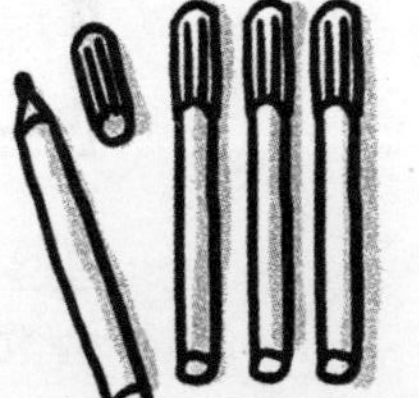

白板笔

自备并随身携带一套白板笔。备有多种颜色的白板笔，对视觉协作来说极为重要。

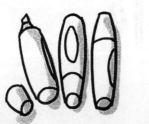

彩色粉笔

使用粉笔能让你快速给大面积着色，增加生机和深度。

便利贴

这些小型便利贴有多种颜色和格式可供选择，均衡地使用它们。设计模板以使其能容纳你所使用的便利贴。在团队工作中使用它们，以确保大家都能同步工作。在对主题进行分组时，请策略性地使用不同颜色。利用其灵活性来重新组织、排序、去除和新增便利贴。

卷纸

在给定空间墙壁允许的范围内，大卷纸能让你以任意尺寸工作。测量、裁剪和布置，以横幅的格式使用。大多数供应商都可以提供尺寸为60cm~90cm的大卷纸。

胶带

常备以下3种胶带：

美纹纸胶带：让你可以把模板和大尺寸纸张挂在各种表面上。

透明胶带：可以用来修补海报或以新的方式安排信息。

修正带：可以自由地修正或删除所做的工作。使用修正带，你可以将白色胶条贴在错误的或需要修改的内容上。

记事本

记事本非常适合绘制快速草图，并收集需要记住的信息和想法。使用空白页的记事本，以免受到线条或网格的限制。在时间跨度较长的流程中，将记事本分发给所有参与者可能很有价值。

剪刀/美工刀

在裁切卷纸时使用，并且可以裁剪某段内容，将其合并到另一段内容中。剪刀和美工刀可以实现新的呈现模式、组合和拼贴。

总结

参与者：激活参与者，使他们承担责任、拥有责任感，并加入流程中。

设施：为所需设施提出要求，因为这是学习平台的支持框架。有时只需一些没有成本的简单修改就能让你的流程成功。

设备：别对设备过于节省。视觉协作需要好的模拟设备和数字设备。

工具：给你自己准备一个完备的工具箱并总是随身携带。

要让组织以更具视觉化的方式工作，需要做好哪些准备？

9. 一些建议

一些建议

目的：突出视觉协作的优势与劣势

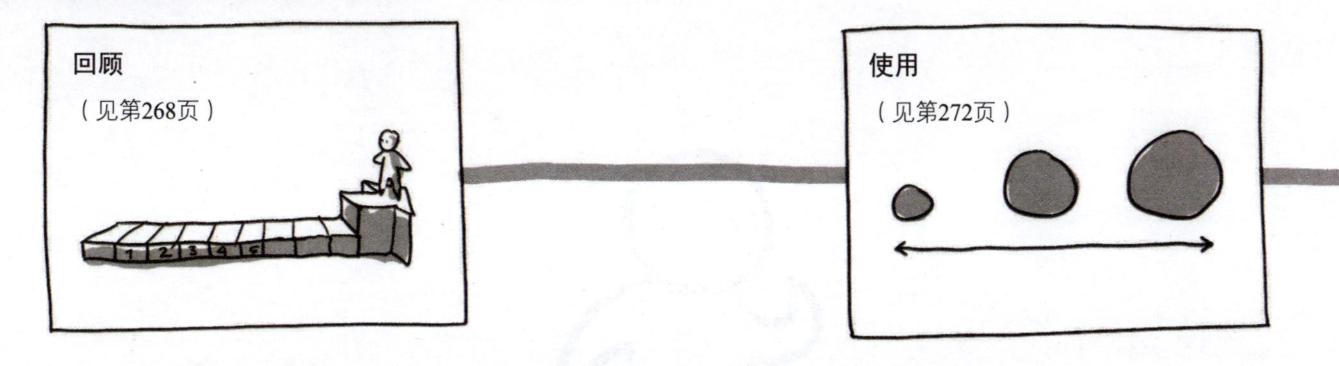

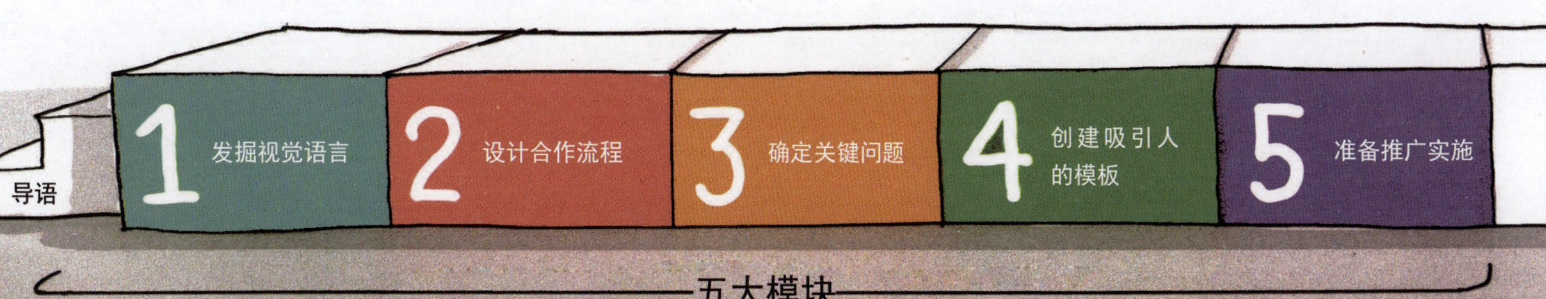

模块9

目标：你已经为成功的视觉协作完全做好了准备

劣势

（见第278页）

价值

（见第282页）

6 促进团队学习

7 列出技能

8 启用资源

9 一些建议

回顾

借助视觉协作的五大模块和系统视觉图像法，我们希望你在关于如何使用视觉图像的系统理解上，获得了（并为他人提供）更好的新观点。

在接下来的几页中，你将看到：

- 视觉协作五大模块的概览
- 视觉协作的视角：无论规模大小，在没有时间做计划的情况下，让参与者与你共同绘图
- 在以视觉方式工作时，可能会遇到的问题清单
- 关于视觉协作所带来价值的视角

6
促进团队
学习
7
列出技能
8
启用资源
9
一些建议

视觉协作的五大模块™

模块	1. 发掘视觉语言	2. 设计合作流程
方法	为会议、流程和项目（无关其内容）创建视觉语言的方法	创建并将流程视觉化（无关其内容）的方法
内容	7种元素™与第8元素™	10个流程问题
工具	图标设计器	流程设计器
产出	用以支持沟通的视觉道具	连贯的视觉流程设计

3. 定义关键问题	4. 创建吸引人的模板	5. 准备推广实施
构思用于流程引导和视觉图像问题的方法	为任何会议、项目或流程建立模板的方法	创建视觉指导书的方法
对流程设计问题进行分类、排序和测试的设计指导	设计模板的功能、形式、尺寸和结构的指导	设计指导书，用于描述流程的场景和结果，并创建故事板和时间表
 问题设计器	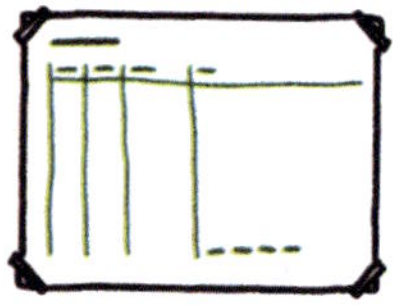 模板设计器	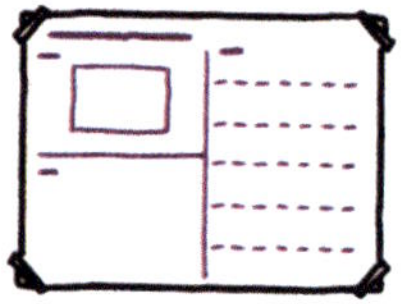 指导书设计器
按优先排序的引导和视觉图像问题	用来管理信息和对话的模板	可推广实施流程设计

使用

小规模使用和大规模使用

上述模块是可根据需求用于多种变化的方法。

运用该方法的一种方式是，与同事在空白的白板前，就两个恰当的问题对话。另一种方式是使用视觉工具规划活动，即使你所规划的活动不需要用到笔和纸。

这种方法非常灵活，既可以运用在小规模流程中，也可以运用到大规模流程中，此时该方法的每个部分都在发挥作用，并且与其他部分一起可以作为整体部署该方法 。

没有规划时

当有变化产生，并且你所规划的流程不再适用时，该怎么办？或者，当下有需求出现，却没有时间进行规划时，该怎么办？这里有一些建议，教你如何引导突如其来的流程。

当在会议进行过程中产生需求时，我该如何做好所有的一切呢？简单的回答是：练习！要做到能够自如地布置白板，以视觉方式引导对话，这需要练习。幸运的是，因为我们的记忆偏爱视觉材料，所以，视觉工作是能产生益处的。我们很容易记住自己创建的图画、草图、视觉语言和模板。它们印在我们的记忆中。我们不能总是重复使用相同的旧图像或旧模板。但是，一旦拥有用于各种流程的4~8个模板的组合，你就建立起宝贵的流程经验和丰富的视觉资料库。当在会议中突然有需求产生时，你的记忆可以重新搜索并从中寻求灵感。

你可以合并先前主题中已经创建的视觉语言的图标，并以此方式为给定的情境创建图标。

你可以从旧模板中调用视觉结构，并以新的方式将它们组合在一起，从而为当前流程形成新的可用框架。

每次准备时，你都是在为当时所采取的行动建立更坚实的基础。你在扩展视觉记忆库，让你的记忆可以进入该记忆库进行搜寻，并用来创建新的图标和模板。每次你创建和使用带有相关问题和视觉工具的流程设计时，都会让你更好地、自发地负责并引导流程。

参与

视觉协作对于许多人来说是新方法。在开始之前，让流程参与者了解为什么，以及将如何进行视觉工作会很有帮助。

简介

给流程参与者一些以视觉方式工作的绝佳理由。在你让他们绘图前，向他们展示你将如何进行工作和为什么这么做。关于视觉协作的重要性，我们最常用的一些理由包括：

- 这比仅使用言语和文字更容易记忆。
- 这很吸引人并带来正能量。
- 我们能实实在在地“看出你想说什么”。
- 视觉图像帮助我们看到相关情境和联系，并建立不从他人视角就无法看到的“整体”。

设备

确保所有参与者都有合适的设备。合适的设备支持认真而专业的视觉工作方式。投资购买高质量的马克笔（包括细头和中头）、笔记本、大卷纸张和便利贴。需要时使用数字设备和工具。

练习

开始时，通常只有少数人开始参与绘图和分享。这需要一些练习。创建小规模、简单的练习，让每个人都可以操练，这样会支持参与者以视觉方式工作：

- 邀请参与者创建带有小图标的个人姓名标牌，以显示他们的职能、角色或个人资料。让他们互相介绍。
- 邀请参与者分享他们最近的图画。实际上，许多人可以不加思索地绘图。白板上的图像或模型就是一种绘图。

培训

我们总是急切地邀请参与者自己绘图、勾画和思考图像。大多数人都可以从一些提示和技巧中受益，学会更轻松、快速地绘图。花5~10分钟介绍基本符号、7种元素以及一些与你的流程和情境相关的图标。

认真地玩

许多人都把看图说话当成与家人或朋友消遣娱乐的游戏。我们会与同事和业务伙伴认真地玩此游戏。而且在流程中玩得开心是在所难免的。这会创造能量，激发大多数人的竞争意识，并训练我们连接左右脑，以及倾听和联想。我们曾与多达1500名会议参与者一起玩看图说话游戏。与参与者一边玩一边创建与特定会议相关的视觉语言吧。

带领

示范如何不加犹豫、自由地绘制草图。切勿纠缠于细微的错误或者看着可能有些幼稚的草图。只要你创建的内容有意义且相关，就不必对其精雕细琢。你可以以此作为榜样，让大家知道在展示视觉材料时“犯错误”是可以接受的。而且你也以此示范了用视觉方式支持口头表达的做法。

劣势

我们的做法隐含了这样的事实，即没有一种“正确”的观察或代表世界的方式。每次观察都有其“盲点”。视觉协作也不例外，它也有局限性。

有些对话、评论或会议无法放入系统和以视觉方式呈现，但重要的是我们要在这些场景产生时将其识别出来，因为一旦展开讨论某项提议后，再确定某种特定方法不适用，则很难推倒重来。

有时，某些事物过于复杂而无法将其视觉化。无法总能将其绘制成草图或者概览图，而认为其可行的想法将导致草草了事或以失败收场。

并非每个人都喜爱视觉元素。有些人会觉得视觉工具牵强、难以理解和有破坏性。

在接下来的几页中，我们描述了视觉协作的一些挑战和局限性。我们将其分为3个类别，每个类别都分别与以下内容相关：

- 产品：视觉产品或实际的图画
- 系统：人员、团队和组织
- 流程：视觉流程的执行

我们的清单提示你在使用笔和纸进行引导时需要注意的问题。你可根据自己的经验进一步完善该清单。

产品

绘图会打断流程或对话

如果在错误的情境、时间或以错误的形式使用图画、图标或视觉产品，就可能事与愿违。这会打断流程或对话，并阻碍对给定主题的进一步创新和探索。

笨拙的模拟工具

在我们所有人都可以轻松地将诸如海报、纸张和便利贴之类的模拟工具无缝地转移到数字平台上之前，模拟视觉工作的布置和跟进，在时间上和实际组织中有着不足之处。以模拟视觉方式工作，对设施和设备的要求很高，通常需要花费大量时间来布置和拆除，此外还需要有后续跟进、数字化和共享的策略。

我们的视觉语言通常以过去为基础

我们现在使用的许多图标都基于过时的感知和思考方式。我们的语言充满了陈旧的隐喻，技术发展速度远远超过我们做出相应改变和适应沟通的能力。指向过去的视觉语言会将我们定格在过时的过去中。

糟糕的图画也会被记住

我们的记忆会记住图像和图画，不幸的是，它不会将不好的那些排除在外。如果流程、体验和陈述以负面或错误的含义被视觉化出来，则需要付出努力让参与者从记忆中消除这些含义。

系统

政治和宗教

政治和宗教的内容很难用笔和纸来驾驭与展示。许多人对自己的定义是基于政治或宗教归属，因而想要画出我们代表什么，我们是什么，或我们信仰什么。这是非常敏感的。

文化

幽默、讽刺和等级制度在不同的文化和组织之间都非常不同。这取决于你身在何处以及与谁交谈，对图画、颜色或问题的理解可能会完全不同。视觉协作在跨文化团队中可能会是爆炸性的，需要额外注意。

疲劳

许多组织持续不断地实施新工具、新流程和新方法。在疲惫的组织中，实施新的视觉工作方法可能会失败，尤其是在缺乏管理层强有力的支持和耐心等待结果的情况下。

后背听不到

在以视觉方式工作时，不可避免的是，你有时必须在参与者讲述时转身背对参与者，绘制他们所说的话。但你不能用后背倾听。而且这会被认为是对参与者的冒犯而引发抵制情绪。

孤独的笔与纸

作为组织中第一个开始以视觉方式工作的人可能会有些困难。这通常需要勇气和毅力，因为组织（尤其是组织文化）是难以改变的。令人信服的理由、强有力的支持者和耐心是必不可少的。

又一幅图画……

像其他任何事情一样，视觉化也会变得让人应接不暇。如果试图在每个流程中实施视觉化工作，那么我们可能不再认真关注，不再按预想的那样使用该方法和工具。

流程

这很花费时间

以视觉方式工作是很花费时间的。你需要时间来学习怎么做，而一旦掌握了它，就需要花费时间去做。

以视觉方式工作会暴露缺乏内容的流程

流程中的内容在以视觉方式展示后会变得清晰。但如果流程中没有内容，就会暴露无遗。因为那样就没有内容可用来视觉化了。糟糕的演示、陷入僵局的团队工作，或者原地打转的一般性讨论，都会导致令人痛苦的留白。

受限的自发性

许多视觉工具是在流程前创建的，这就要根据经验，在流程过程中，当需求出现时对其进行改变。因此这里的风险是，现有框架会降低自发性，或者使人忽略流程中所需做出的改变，因为每个步骤都已经计划好，而且会影响下一步。

价值

任何组织都能从视觉协作中受益。五大模块构成的方法使其易于入门，并能支持和建立更多以视觉方式工作的文化。

在过去的15年中，我们培训了1万多人以视觉方式工作。其中包括教师、讲演者、会议管理者、学生、政客、顾问、变革推动者、管理者、设计师和工程师。

我们为各种组织开发了500多种大大小小的战略工具，并且为大量的会议、工作坊和讨论会设计、引导和绘图。

根据我们的经验，视觉化工作可以增强人们的思考、沟通和合作方式。

这不是一种快速解决方案，而是一种既需要耐心去学习和实施，又需要计划和准备去维护的工作方法。

该方法最初可以由几个人学习，并且可以小规模使用，以测试其有效性。

这里是我们认为视觉协作能带来的一些价值。

效率与清晰度

当我们运用系统视觉图像法时，我们同样能更容易地邀请他人进入流程，因为他们能看到我们的目的和目标。视觉工具使我们的决策（或缺乏决策）变得清晰。当我们以视觉方式工作时，能更快地意识到我们的沟通是否有用、具有指导性和切合实际。

强大知识系统

视觉学习平台激发并支持集体学习。通过使用与情境相关的视觉语言，将知识汇集到视觉结构中，我们可以提高系统理解能力，并建立不依赖个人的强大知识系统。以视觉方式列出的知识会保留在组织中，并且易于分享。

多样化和包容

当使用母语以外的语言进行语言引导时，我们通常会变得更慢、更不细致、更犹豫。由于我们同样使用言语、文字和图画，所以系统视觉图像法也是由这3部分沟通组成。这使得即使使用母语以外的其他语言进行引导沟通也很方便，这对任何多元化的组织都是个优势。

参与和责任感

系统视觉图像法能够促进参与，使团队做出明确的决策和得出适当的预期。它提供概览并增进理解，这些都是令我们的工作更有意义的因素。

总结：视觉协作能更快地产生更好的结果，而且更有乐趣。

总结

应用：

- 大规模和小规模使用：从小规模开始。你所需要的只是一块空白的白板、一个恰当的问题和一位共同进行探索的同事。
- 没有规划时：需要通过练习来掌握，如何在自发流程中以视觉方式工作。你设计的视觉的流程越多，记忆中就有更多的材料以供选择，来创建新的东西。
- 鼓励参与：让流程参与者参与讨论，为什么以及如何以视觉方式工作。

劣势：

有时，最好还是把笔放下。

价值：

视觉协作可以带来：

- 效率和清晰度
- 多样化和包容
- 强大知识系统
- 参与和责任感

你的下一幅图画是什么？
你将如何、在何时使用它？

本书的学习平台

我们邀请你为即将举行的会议、项目或流程使用该场景布置。绘制或打印这些工具，体验全景式布置如何改善你的整体内容。

问题设计
模板设计
指导书设计